DOMENICO BARRILÀ

C'È UNA LOGICA NEI BAMBINI

EDITRICE LA SCUOLA

Copertina: Andrea Morando

Foto di copertina: Gettyimages - Jaimie D. Travis

I diritti di traduzione, di memorizzazione elettronica, di riproduzione e di adattamento totale o parziale, con qualsiasi mezzo (compresi i microfilm), sono riservati per tutti i Paesi.
Le fotocopie per uso personale del lettore possono essere effettuate nei limiti del 15% di ciascun volume/fascicolo di periodico dietro pagamento alla SIAE del compenso previsto dall'art. 68, commi 4 e 5, della legge 22 aprile 1941, n. 633.
Le riproduzioni effettuate per finalità di carattere professionale, economico o commerciale o comunque per uso diverso da quello personale possono essere effettuate a seguito di specifica autorizzazione rilasciata da AIDRO, Corso di Porta Romana n. 108, Milano 20122, e-mail segreteria@aidro.org e sito web www.aidro.org

© Copyright by Editrice La Scuola, 2007

Stampa Officine Grafiche «La Scuola», Brescia
ISBN 978 - 88 - 350 - **2142** - 1

RINGRAZIAMENTO

Un ringraziamento speciale ad Alfred Adler, a settant'anni dalla morte. Gli debbo molto del poco che credo di avere imparato sulla psiche e la stessa scelta di dedicarmi alla professione che svolgo.

Tuttavia, poiché rifiuto l'idea che la scienza sia una lotta tra improbabili custodi di verità definitive, ritengo che anche l'uomo, a cui sono così grato, altro non rappresenti se non una piccola pagina nell'enciclopedia infinita del sapere.

Gli voglio rendere omaggio, oltre che per il debito personale, anche per le colpevoli e non sempre perdonabili dimenticanze cui sono stati ingiustamente sottoposti il suo nome e la sua straordinaria opera.

La ragione per la quale la maggior parte dei lettori non conosce il suo nome, la spiega perfettamente uno psicoanalista canadese – che adleriano non è mai stato – autore della più bella storia della psicologia del profondo che sia stata mai stata scritta.

Lascio a lui l'onere di restituire il maltolto.

«Resta comunque il fatto che l'influsso della psicologia individuale [è il nome del sistema psicologico creato da Alfred Adler. Nda] sulla psicologia contemporanea è evidente al di là di ogni dubbio... Tuttavia oggi assistiamo allo sconcertante fenomeno di una negazione collettiva dei meriti e del lavoro di Adler e alla siste-

matica attribuzione di tutto ciò che è stato elaborato da lui ad altri autori... Sarebbe difficile trovare un altro autore da cui, come da Adler, si sia preso tanto, da ogni punto di vista, senza tuttavia riconoscerlo. La sua dottrina è diventata, per usare un'espressione tipicamente francese, una "miniera aperta al pubblico", vale a dire un luogo in cui ciascuno può andare a prendere ciò che gli aggrada senza sentirsi minimamente in colpa» (H. Ellenberger, «La scoperta dell'inconscio», Boringhieri, Torino, 1976).

PREMESSA
ALLENARSI A RAGIONARE

Ogni bambino vorrebbe stare al primo posto, sebbene, il più delle volte, si accontenterebbe di sentirsi al sicuro.

Il modo in cui procede verso questi obiettivi, arrivare primo oppure mettersi al sicuro, determinerà in larga parte i connotati del suo stile di vita.

In questi semplicissimi assunti è racchiusa molta parte dell'universo interiore del bambino e, di conseguenza, vi è compresa una cospicua frazione dei compiti e delle responsabilità che fanno capo a chi si occupa di lui. Un educatore, infatti, è chiamato a riconoscere la fondatezza di tali bisogni e a fare in modo che diventino compatibili con i veri interessi del minore e con quelli del mondo in cui è immerso.

Il bambino, esattamente come accade al fulmine nel suo rapidissimo procedere verso il suolo, cerca costantemente la via più comoda e breve per giungere alla meta, il mezzo che offre la minore resistenza al proprio passaggio. Cerca di attraversare le vie più diritte, di prendere i traghetti meno costosi, meglio ancora se gratuiti, di agganciare i compagni di viaggio più compiacenti, che non di rado trova nei genitori stessi. In altre parole, cerca espedienti che gli consentano alti guadagni a fronte di esigui investimenti.

Il compito dei suoi educatori è quello di contrastare

l'utilizzo di espedienti antisociali, poiché essi in genere danno luogo a una conseguenza fissa, sempre la stessa. Il bambino alla lunga diventa socialmente inetto, ossia comincia a sentirsi non in grado di fare quello per cui è nato. Stare in mezzo agli altri cooperando e compartecipando, nel rispetto delle regole comuni.

Succede di frequente che un bambino rinunci a cooperare e compartecipare perché timoroso di non essere all'altezza della parte che è chiamato a sostenere, ma accade, non meno frequentemente, che egli rifiuti di andare incontro al suo prossimo perché qualcuno, incautamente, gli ha fatto credere che può disporne a piacimento.

Nel primo caso è fatale che l'incontro si faccia difficile, dal momento che il bambino sarà indotto a utilizzare l'astensionismo sociale come mezzo di salvaguardia della propria sicurezza. Nessuno è così temerario da gettarsi in un'impresa sapendo in anticipo che le cose andranno male.

In fondo per noi adulti non è difficile intendere questo concetto, considerato che, a nostra volta, facciamo più o meno le stesse cose, sia pure con diversi gradi di malizia e mascherando meglio le nostre intenzioni. Siamo attori più collaudati dei bambini e questo ci rende meno penetrabili dallo sguardo esterno. Almeno in questo l'esperienza serve.

Nel secondo caso, ossia quando il bambino cerca di imporre coattivamente la propria presenza e i propri metodi, il gruppo sociale di cui fa parte gli opporrà dei rifiuti ed egli sarà costretto a modificare la propria strategia. Se egli, malgrado gli avvisi provenienti dal gruppo, non capisce la lezione e si ostina a reiterare la tecnica appena bocciata, la sua situazione si complicherà e i suoi tentativi di intrusione forzata si tramuteranno in una sconfitta sicura, dunque in una ferita al suo amor proprio.

Sia la carenza di coraggio sia l'eccesso di prepotenza, infatti, per ragioni opposte, metteranno il bambino ai margini della vita sociale, rendendolo una piccola tossina per il gruppo umano di cui è parte. Del resto non è logico pensare che una creatura abbia voglia di contribuire al bene comune se ritiene di non potervi attingere.

Se un bambino non possiede una sufficiente dose di "coraggio", cioè di capacità di tollerare gli insuccessi che incontra nel percorso, non entrerà mai in gara, sopraffatto dalla paura di perdere. Sposterà gran parte delle proprie energie interiori sul fronte difensivo, sarà una persona troppo occupata a proteggere i propri interessi per potere tenere conto di quelli degli altri.

Se invece egli è convinto che tutti debbano spostarsi al suo passaggio perché ciò gli è dovuto per un non meglio precisato diritto divino, saranno gli altri concorrenti ad espellerlo dalla gara medesima.

Così, lo scoraggiato e il prepotente, per eccesso di timidezza il primo, per sovrabbondanza di presunzione il secondo, andranno incontro allo stesso destino, sebbene le loro colpe siano decisamente asimmetriche così come lo è il grado di simpatia che suscitano in noi.

Se non si è preparati al gioco comunitario, per un motivo o per un altro, si rischia di restarne fuori, con le stesse prospettive che attendono gli esseri marini quando sono privati del loro elemento vitale, l'acqua. Non può esserci sviluppo senza acqua.

L'impresa di sottrarre il bambino a questa prospettiva, di certo possibile, richiede innanzi tutto un vecchio arnese del mestiere: l'amore. In secondo luogo necessita di *voglia di ragionare*, giacché, se è vero che *c'è una logica nel bambino*, è altrettanto vero che è necessario individuarla *caso per caso*.

Per conseguire questo scopo è perfettamente inutile accumulare informazioni. Ad un aspirante poeta non serve granché conoscere molte parole se poi non è in grado di metterle insieme. Potrebbe imparare a memoria tutto il contenuto del vocabolario ma ciò non basterebbe a fare di lui un grande poeta. Serve invece la capacità di "connettere", cercando di cogliere una trama nei segni che si manifestano davanti ai nostri occhi, una trama che c'è e che aspetta di essere letta con gli occhiali giusti.

Anche questa è un'impresa possibile, soprattutto perché il bambino ci aiuta costantemente seminando sul suo percorso preziosi sassolini colorati.

Se li uniamo con un tratto di matita si paleserà una linea diritta, svelandoci una trama logica e una meta quasi visibile.

CAPITOLO PRIMO
LE RICETTE E IL METODO

I comportamenti dei bambini si possono prevedere e correggere. È un compito alla portata di ogni educatore, anche del più pigro. Occorrono solo un poco di tempo e una sufficiente voglia di applicarsi.

Quello che invece serve in dosi cospicue è la certezza che i bambini di cui ci occupiamo sono le creature più importanti del mondo.

Il ruolo della psicologia consiste nell'aiutare gli educatori ad attrezzarsi per svolgere tale compito e questo significa avere perlomeno un'idea di dove conducono i passi del bambino e di come funziona il minore che si trova di fronte a noi in questo preciso momento. Il "nostro" bambino, quello di cui conosciamo bene il nome e le sembianze, non uno a caso.

Se una disciplina scientifica non offre la possibilità di fare previsioni non può neppure definirsi tale, poiché il suo vero scopo è proprio questo, quindi la psicologia dev'essere in grado di fornirci strumenti di previsione, altrimenti perde gran parte del fascino di cui gode e della propria utilità.

Se ci troviamo sotto un temporale ce ne accorgiamo anche da soli, non c'è bisogno che venga un meteorologo a informarci, quello di cui invece abbiamo bisogno è una scienza capace di aiutarci a fare delle previsioni, in modo tale che, se dovesse piovere, noi potremmo munirci in tempo dell'ombrello.

Del resto, com'è possibile parlare di educazione, ma anche di correzione, se non conosciamo il modo di procedere della persona che dobbiamo educare, la strada che sta percorrendo e il luogo in cui è diretto. Di questo parleremo nelle prossime pagine e alla fine del percorso contiamo di saperne di più su nostro figlio oppure sul nostro alunno, in modo da essere in grado di formulare previsioni sempre meno approssimative sul suo comportamento.

Ovviamente parliamo di previsioni in termini probabilistici, non di certezze assolute. Nel caso del comportamento umano in genere ci possiamo accontentare di predizioni ragionevolmente vicine al piano della realtà, capaci cioè di migliorare il nostro orientamento in modo da renderlo più efficiente del solito.

In altre parole non è indispensabile che la psicologia ci porti a centrare perfettamente il bersaglio sempre e comunque, sarebbe molto utile se ci mettesse in grado, sempre che lo desiderassimo, di capire se quello che stiamo facendo va nella direzione giusta oppure siamo completamente fuori strada.

Non sempre è possibile per la psicologia fare di meglio, data la natura complessa dell'animo umano, quindi una buona approssimazione è quanto dobbiamo ricercare, è il risultato migliore a cui possiamo e dobbiamo tendere.

In genere la scienza cerca di dirci come si comporta la materia in determinate condizioni e questo ci aiuta a governarla. Quando però non esiste questa possibilità siamo costretti ad affidarci a sistemi di previsione differenti, di certo meno affinati di quelli che può fornirci, ad esempio, la fisica.

Se c'è di mezzo una persona è difficile che le previsioni si possano avverare al millesimo, dunque noi (genitori, educatori, insegnanti) siamo come quei cartografi dei secoli passati che disegnavano mappe che oggi ci appaiono piuttosto approssimative.

La capacità di ridurre il più possibile le distanze tra la realtà e i nostri disegni cartografici definisce il nostro grado di *inclinazione a educare*.

È qui che le nostre strade e quelle della psicologia si incontrano.

Sebbene non con la precisione della matematica, essa dev'essere in grado di aiutarci a immaginare il modo in cui può svilupparsi concretamente il comportamento di un bambino, poiché solo la consapevolezza del tragitto che egli intende compiere e la consapevolezza della meta verso cui è diretto, come si diceva prima, ci possono offrire la possibilità di operare un intervento educativo che a sua volta possieda una finalità precisa.

Ovviamente l'oggetto dell'interesse della psicologia, in questo caso il comportamento del nostro bambino, è molto più singolare di un pezzo di ferro o di una scodella d'acqua sottoposti a varie temperature, ma questo non significa che abbiamo le mani legate e che quindi dobbiamo rinunciare. Tutt'altro. Si tratta solo di trovare gli strumenti giusti per procedere nel particolare dominio su cui ci stiamo applicando, nella certezza assoluta che si tratta del campo di materia più complesso ed esaltante in assoluto, ma, nello stesso tempo, che noi siamo nati per svolgere questo compito e che quindi siamo in grado "per natura" di svolgerlo.

L'affermazione relativa alla carenza di certezze, valida per ognuno dei terreni su cui la psicologia concentra di volta in volta la sua attenzione, si adatta in modo speciale all'educare, nel cui ambito i risultati dipendono da diverse variabili. La più importante di queste, come vedremo meglio nelle pagine che seguiranno, è annidata nella capacità dell'educando di elaborare in modo del tutto personale quanto gli viene offerto.

GLI STATI DELL'ACQUA

Accade di frequente che un primogenito adulto riferisca di avere avuto l'impressione che la madre privilegiasse il secondogenito. Proprio recentemente si è ripetuta nel mio lavoro una situazione del genere.

Un primogenito, nel descrivermi il profilo della figura materna, getta nella narrazione, in modo quasi distratto, un'affermazione di questo genere: «*Per un periodo della sua vita aveva lavorato in ufficio, poi, quando io avevo circa due anni, è nato mio fratello e lei si è licenziata*».

In questo brevissimo testo ci sono significativi indizi sullo stile di vita di quest'uomo, si intravedono delle buone indicazioni per comprendere l'opinione che egli aveva di se stesso allora e per capire come vive le relazioni sociali, giacché *il modo in cui ci collochiamo all'interno della nostra famiglia nel corso dell'infanzia, diviene poi la matrice del nostro comportamento sociale, dunque anche di quello scolastico.*

Un bambino tende a reiterare schemi comportamentali messi a punto nel contesto familiare durante i primi anni di vita.

Quello che adesso ci interessa mettere in evidenza, però, è una sfaccettatura di estremo interesse per l'economia del nostro ragionamento.

Se per ipotesi noi potessimo chiedere alla madre di quel bambino come mai avesse deciso di licenziarsi dal posto di lavoro "solo" dopo la nascita del secondo figlio e non del primo, molto probabilmente ci darebbe una risposta del tutto ragionevole. Ci direbbe, infatti, che non è facile conciliare il lavoro a tempo pieno con la presenza di due figli. Mentre fino a quando ce n'è solo uno si può farvi fronte, magari con l'aiuto di qualche servizio per l'infanzia oppure delle indispensabili nonne.

Alla fine, questa madre aggiungerebbe che, se non avesse compiuto la scelta di lasciare l'impiego, sarebbe stata costretta a trascurare entrambi i figli.

In genere le mamme che lasciano il lavoro alla nascita del secondo figlio riferiscono di averlo fatto per tutelare soprattutto il primogenito, che già aveva patito l'arrivo del fratellino. Dunque una scelta nell'interesse dei figli, in particolare proprio di quel primogenito che invece lamenta di essere stato trattato con minore riguardo rispetto al nuovo arrivato.

Ci troviamo di fronte a due letture inconciliabili dello stesso fenomeno, circostanza tutt'altro che rara nelle relazioni educative; per tale ragione i nostri interventi educativi possono essere paragonati a gocce d'acqua che lasciano la nube in forma liquida, ma che non è detto arrivino fino al suolo nel medesimo stato.

Ciò che sarà di loro alla fine del viaggio dipende dalle condizioni che troveranno lungo il percorso e alla stazione d'arrivo.

Quest'ultima, la stazione di arrivo, avrà un peso determinante nel completamento dell'atto educativo, all'interno del quale le intenzioni e le azioni dell'educatore rappresentano solo una parte.

In sostanza, la completezza di un qualsiasi atto educativo si ottiene dall'effetto combinato del contributo dell'adulto e di quello del minore, poiché ciò che "parte" dall'educatore trova significato compiuto solo dopo che l'interpretazione soggettiva del bambino avrà sistemato quanto gli è stato proposto.

L'esempio da cui siamo partiti, le ricadute sul primogenito della scelta materna di lasciare l'occupazione, uno dei tanti di cui potevamo avvalerci, ne è testimonianza.

Se così non fosse, se nei rapporti tra gli educatori e i bambini non ci fosse questo scarto di lettura degli eventi, educare i figli oppure avviare un bambino alla conoscenza in un ambito scolastico, non solo costituirebbe un'attività noiosa e scarsamente gratificante, ma segnerebbe la stasi assoluta del progresso dell'intera umanità, poiché tutto si trasferirebbe da una generazione a quella successiva come in fotocopia, senza variazioni, ossia, senza quelle rielaborazioni soggettive da cui scaturisce la continua trasformazione del mondo e da cui deriva, in ultima analisi, il senso stesso del riprodursi. Per essere ancora più chiari: se quello che "insegna" un genitore fosse captato e assimilato dal bambino esattamente come viene trasmesso, il risultato sarebbe un figlio copia esatta del genitore. Esito non auspicabile poiché dove ci sono due cose che si somigliano troppo, di una di esse possiamo certamente fare a meno.

Credo che ognuno di noi sappia, anche solo istintivamente, che le cose stanno così, altrimenti non riuscirebbe a spiegarsi come mai in una comune famiglia troviamo figli estremamente diversi gli uni agli altri, pure essendo rimasti esposti al medesimo modello educativo, ai medesimi stimoli ambientali, al medesimo "clima" familiare e sociale.

Per questa ragione educare rimane forse l'attività sociale più sorprendente in cui possiamo imbatterci. Proprio perché esiste questo *effetto combinato*, che tuttavia non è normalmente riconosciuto, ai soggetti che si occupano a qualche titolo di bambini e di ragazzi l'educazione può sembrare una lotteria dall'esito quanto mai imprevedibile.

Fortunatamente però non è così, la realtà è più semplice, e quanto detto finora non vuole certo alludere a delle particolari difficoltà, magari accessibili solo a una casta di iniziati. L'approccio che abbiamo usato finora intende semplicemente metterci da subito di fronte ai due grandi segreti presenti in una relazione educativa.

Il *segreto numero uno*, una sorta di scoperta dell'acqua calda, suggerisce che l'educando reagisce agli stimoli secondo una logica che non è la stessa usata dall'educatore, quindi ciò che si genera all'interno della relazione educativa viene diversamente valutato dai soggetti coinvolti.

Questo accade per una serie di ragioni, che cercheremo di conoscere in seguito, la più insidiosa delle quali è rappresentata dal fatto che sovente gli interessi di chi educa e di chi è educato sono attraversati da un inevitabile conflitto di base. Il primo cerca rassicurazioni per sentirsi tranquillo, quindi tende a "contenere" l'educando, cercando di irretirlo nei propri schemi, mentre il secondo è incline, almeno nella maggior parte dei casi, a "dilatare" gli spazi e le prospettive che gli sono offerti, in definitiva cerca di sgusciare fuori dai confini che l'adulto ha predisposto per lui.

Se volessimo concederci una semplificazione, potremmo affermare che l'educatore è tendenzialmente *conservatore*, e questo risulta comprensibile. Quando il responsabile di un piccolo sistema sociale, quale può essere una famiglia o una scolaresca, ritiene che al suo interno si sia raggiunto l'equilibrio, egli tenderà a mantenerlo, quasi considerasse lo stato di fatto una legge di natura. Questo, dal punto di vista di chi educa o comunque di colui che è responsabile di un sistema, piccolo o grande che sia, rappresenta senza dubbio un disegno "economico", ossia conveniente.

Un signore ricorda con dispetto che la mamma non lo faceva uscire a giocare con i suoi coetanei per evitare che si sporcasse e per scansare eventuali pericoli. Se poi gli concedeva di uscire lo sommergeva di raccomandazioni, ad esempio di non sudare per nessuna ragione altrimenti la volta dopo lo avrebbe tenuto in casa.

È evidente che quella madre non stava assecondando le necessità e gli interessi del figlio, ma i propri. Di sicuro lei, a differenza delle altre donne del quartiere, avrà avuto un figlio sempre ordinato, con qualche effetto collaterale non piccolo, come ci illustra efficacemente il diretto interessato: «*Una delle conseguenze dell'atteggiamento di mia madre è che io non mi sono mai preso questioni con i miei coetanei, non ho mai menato le mani, perché non mi potevo sporcare e neppure potevo sudare. Quindi il mio comportamento non era mai determinato dal merito delle circostanze, poiché qualunque cosa accadesse a me conveniva non immischiarmi. Questa tara è rimasta in qualche modo appiccicata nel mio modo di essere, lo desumo dalla fatica che faccio a esprimere apertamente la mia opinione, soprattutto quando ci sono situazioni di conflitto*».

La madre valutava i possibili inconvenienti dell'attività ludica a partire dall'organizzazione dei propri personali impegni e al figlio non rimaneva che conformarsi. Per lei meno problemi c'erano in famiglia e meglio era. Se avesse potuto ibernare il figlio senza fermarne però lo sviluppo, per una decina di anni, giusto il tempo che questi diventasse adolescente (così almeno non si sporcava e non sudava più), lo avrebbe fatto volentieri, ma possiamo ipotizzare che neppure questo le sarebbe bastato, perché ai primi tormenti adolescenziali lo avrebbe ricongelato per traghettarlo indenne verso tempi migliori.

Il genitore, dunque, è conservatore. Meno vita meno fatica. Si tratta solo di capire se questo è nell'interesse del bambino, il quale, almeno tendenzialmente, è una creatura fortemente *progressista*, incline a "sperimentare" e quindi a introdurre incessantemente novità nel suo universo. Le sue attese tendono a rompere in continuazione l'equilibrio del sistema e questo finisce per ingenerare conflitto di interessi tra lui stesso e il suo educatore. Il bambino, infatti, insieme alla tendenza ad allargare il proprio campo d'azione, vive ansie e timori comprensibili legati all'incontro col prossimo, schiacciato dai suoi sentimenti di inadeguatezza.

Il proposito dell'adulto ostinatamente conservatore è riprodotto, immagino in modo del tutto involontario, in questa lapidaria affermazione di un pensatore: «*Educare significa fare seguire e basta*».

Un simile postulato, di fatto, presuppone una avvilente passività dell'educando e una sola volontà operante, quella dell'educatore. Il che significa escludere da una relazione tra due persone metà dei contributi disponibili.

È come se il direttore decidesse di fare a meno dei violini e dei fiati nell'orchestra che è chiamato a dirigere. Una scelta dannosa per tutti, per l'orchestra, per il pubblico e infine per l'autore della musica.

Indubbiamente è più facile operare su un soggetto docile e asservito, ma non è questo che dobbiamo intendere quando parliamo di educazione, che è tale se mira al riconoscimento e alla valorizzazione dell'originalità *presenti nel minore.*

Educare, infatti, in qualche modo evoca l'idea di *mettere ordine* in qualcosa che già esiste, è lo stesso meccanismo che opera in tutte le attività creative della persona, come accade quando componiamo della musica. In realtà stiamo mettendo ordine nel mondo dei suoni e dei rumori, un mondo che già esiste.

Il *segreto numero due* afferma che proprio in questa asimmetria tra emittente e ricevente sta la chiave per capire cos'è un processo educativo.

Certo, esiste nell'educatore una sorta di "idea interpretativa" di tale processo, magari inconsapevole, ma il risultato finale non dipenderà solo da questo. Se questa aleatorietà di esiti sia da considerare il piombo sulle ali oppure la ricchezza dell'educare è questione di punti di vista; chi scrive ritiene che senza di essa l'incontro tra un adulto e un minore si risolverebbe sempre in una noiosa replica.

Se non esistesse questa divaricazione non ci sarebbe sviluppo nei nostri rapporti, nelle nostre famiglie e neppure nell'umanità, poiché ognuno dei suoi membri replicherebbe sempre, di padre in figlio, il medesimo copione: *per questo il processo educativo è un prezioso contenitore di scintille che alimentano i progressi generali dei gruppi umani.*

Dalla sintesi di personalità diverse con finalità in conflitto tra di loro nascono movimenti in avanti utili a tutti noi. Diversamente, quando il maggiore vuole contenere il minore tra i propri schemi comodi e tranquillizzanti e considera questo il fine dell'educare, allora l'esito non può che essere la ribellione violenta o la sottomissione per assuefazione. Niente di utile, per nessuno.

IL PUNTO DI PARTENZA

Da questi due segreti nasce una conseguenza fondamentale e decisiva: *per educare occorre imparare a conoscere bene il terreno su cui cadono i nostri messaggi.*
È quello che cercheremo di rendere possibile attraverso queste pagine.
Tornando alla similitudine di prima (le gocce d'acqua che lasciano la nube), occorre farsi un'idea precisa della stazione di arrivo.
Sembra l'uovo di Colombo, nei fatti però questo passaggio tende ad essere saltato, anche dalle discipline scientifiche che, a furia di seguire la logica delle risposte facili e immediate, vengono sospinte sul terreno sdrucciolevole ed effimero delle "ricette". Del resto è comprensibile che un educatore cerchi la risposta al problema concreto che si trova di fronte, meno comprensibile è che la psicologia, attraverso i suoi operatori, lo segua fino in fondo su questo percorso.
Quello che abbiamo chiamato "problema concreto" può avere a che fare proprio con la scarsa autorevolezza che l'educatore mostra di fronte al bambino; quest'ultimo, più che la risposta esatta, sovente vorrebbe sentirsi rassicurato dalla constatazione che l'adulto cui fa riferimento possiede orientamenti chiari sulla direzione da seguire e non sta tirando a indovinare, azzardo responsabile di molte risposte educative dannose.
Dunque, la questione non passa per le risposte esatte

e di conseguenza non può essere risolta seguendo la logica delle ricette. Se fosse vero che il bambino cerca risposte precise, gli educatori più scolarizzati e colti, quelli tecnicamente meglio attrezzati, godrebbero di vantaggi considerevoli nello svolgimento dei loro compiti. Invece non è così.

Tuttavia, proprio a partire da queste impegnative affermazioni, è necessario intendersi su cosa significhi esattamente *"conoscere il terreno"* e quale può essere il ruolo della psicologia in questa operazione di conoscenza.

Se diamo ascolto alle lamentele dei genitori e degli insegnanti, sembra che le difficoltà dei minori non siano mai state così serie come negli ultimi anni. Eppure, d'altro canto, le risposte provenienti dal mondo dei cosiddetti esperti non sono mai state tanto numerose, anzi sovrabbondanti, grazie alla moltiplicazione delle pubblicazioni dedicate, ai continui dibattiti e alla costante presenza di specialisti sui grandi mezzi d'informazione.

Un paradosso. Almeno in apparenza.

Viene da pensare che noi, specialisti ed educatori, forse schiacciamo il tasto sbagliato e che proprio per tale ragione la macchina non voglia saperne di accendersi.

Non è detto che risposte sovrabbondanti significhino risposte adeguate.

Per essere più precisi, non sempre accade che le risposte abbiano a che fare con le domande.

Di sicuro il numero di laureati in discipline psicologiche e pedagogiche è cresciuto considerevolmente negli ultimi decenni, quindi si può desumere che sia aumentato pure il loro contributo al dibattito, la loro presenza nei luoghi sensibili, scuola compresa. Tuttavia l'impressione è che sia cresciuta soprattutto la quantità delle "ricette" riversate addosso agli educatori, ma le ricette, come anticipato qualche riga più sopra, rappresentano risposte ingannevoli, poiché portatrici di un doppio effetto negativo.

Da una parte servono per situazioni specifiche, tanto specifiche che nella vita di nostro figlio o del nostro alunno potrebbero non verificarsi mai, dall'altra disabituano a riflettere, poiché acquistare risposte pronte, quasi fossero un cibo precotto, è più comodo che prendersi la fatica di costruirsele in proprio. Così alla fine si smarrisce lo stimolo a pensare.

Si tratta allora di scegliere tra un comodo ricettario, valido per le evenienze in esso previste, e la costruzione di un *metodo*, strada questa più faticosa ma certamente più efficace, che è quella scelta da noi e che sviluppiamo in queste pagine.

Ma c'è dell'altro e conviene precisarlo. Illudersi che esista sempre una risposta fuori dalla nostra testa, possibilmente specialistica e precisa perché a pagamento, alimenta in modo parossistico la tentazione della "delega", così che si innesca un circolo vizioso che travolge educatore e bambino.

Nei miei frequenti spostamenti per l'Italia, mi accade qualche volta di arrivare una settimana o due dopo che è passato qualcuno degli esperti televisivi che vanno per la maggiore.

Non di rado mi trovo di fronte platee bastonate e senza speranza, genitori cui è stato detto e ripetuto di essere la causa prima di tutti i problemi dei loro figli, perché sarebbero incapaci di educare, ma in compenso capacissimi di combinare disastri.

Non credo sia questo il compito della psicologia e neppure dei suoi rappresentanti, i quali spesso nascondono la loro incompetenza attaccando proprio quei "profani" che dovrebbero aiutare a diventare competenti. Perché proprio questo sarebbe il compito di una psicologia capace di *responsabilità sociale*.

La denuncia può essere una fase del percorso, ma poi occorre essere in grado di fare proposte che abbiano un capo e una coda, occorre sapere davvero, al di là degli slogan e delle esortazioni, come funziona la testa di un bambino e di una ragazza, insomma occorre mettere in mano a un genitore una mappa credibile del territorio di competenza.

Non c'è bisogno di dire a un genitore che è un incapace, poiché normalmente ci pensa da solo a flagellarsi, inoltre un educatore depresso e sfiduciato finisce davvero per divenire un problema per se stesso e per i figli. Un vero esperto, proprio perché tale, dovrebbe sapere bene come si sente di solito un genitore e dovrebbe sapere che il compito di un professionista è quello di aiutarlo e non certo quello di comportarsi come l'infermiere che arriva sul luogo dell'incidente e si mette a sgridare il ferito, apostrofandolo come fosse un bambino discolo: «Guarda come ti sei conciato, sei ridotto a brandelli».

Dunque, niente ricette e niente processi sommari, vorremmo solo aiutare chi educa ad allenare la sua capacità di ragionamento nonché a fidarsi maggiormente di se stesso.

CAPITOLO SECONDO
UN MONDO PRIVATO

Dopo avere messo nella giusta evidenza il ruolo attivo giocato dal minore nel processo educativo, argomento che farà spesso capolino nelle prossime pagine, e la necessità di lasciarsi alle spalle l'improduttiva abitudine delle ricette, puntiamo ora la nostra attenzione su un ulteriore passaggio, chiarificatore delle nostre intenzioni. *Educare significa occuparsi di singoli individui e non di gruppi sociali.*

Non si tratta di un fatto secondario bensì di qualcosa di enormemente significativo, contenente l'intero senso del rapporto tra un adulto e un minore. Se questo semplice principio ci diventerà familiare, il nostro modo di educare diventerà più produttivo.

Se volgiamo il nostro sguardo in direzione della Via Lattea in una serata d'estate, ci troveremo di fronte una sorta di nuvola tenue, quasi invisibile. Un fiume biancastro, simile a una lastra di vetro leggermente opaco.

Credo che almeno una volta nel corso della vita sia accaduto a ogni adulto di fare questa esperienza, non essendo necessaria alcuna fatica, salvo quella di alzare gli occhi verso il cielo.

Se invece vogliamo aiutare la nostra osservazione, possiamo provare a puntare nella stessa direzione un piccolo telescopio, di quelli economicamente accessibili e facili da reperire. Ebbene, tutto ci apparirà diverso, assai diverso. La nebbiolina di prima, che ci sembrava così anonima e insignificante, riuscirà a sorprenderci trasformandosi in una serie infinita di puntini, distinti l'uno dall'altro.

Ogni punto è un corpo celeste preciso e tra l'uno e l'altro ci sono degli spazi, delle distanze enormi. Quella che stiamo guardando, infatti, non è altro che la nostra galassia, ne fa parte anche il sistema solare. L'effetto che osserviamo è dovuto al fatto che la guardiamo di profilo, come se fossimo seduti al centro di un grande campo di grano e guardassimo le messi fino all'orizzonte. Le spighe vicine ci appaiono distintamente, separate le une dalle altre, mentre in lontananza tutto appare come un'onda omogenea.

Se ogni corpo celeste possiede una sua precisa individualità, noi possiamo dargli un nome, osservarlo in modo sistematico, studiarne i comportamenti e non lo confonderemo con altri oggetti che popolano il cielo.

Una simile logica possiamo reperirla anche in una straordinaria intuizione delle Sacre Scritture laddove, nel Salmo 147, è detto che Dio: «conta il numero delle stelle e chiama ciascuna per nome», ossia conosce esattamente il numero dei corpi celesti e a ognuno assegna un nome preciso.

Mi pare una metafora significativa della pedagogia divina, che *si guarda bene dal fare confusione tra un puntino e l'altro*.

Torniamo dunque alla nostra affermazione di partenza: *alleviamo individui e non gruppi sociali*.

Dietro quella che può apparire solo una delle tante affermazioni suggestive che si rivolgono al mondo dell'infanzia, si nasconde uno degli scenari più trascurati nel rapporto tra minori e adulti, alimento di equivoci non piccoli, capaci di creare fratture irreparabili nella relazione, ma soprattutto responsabili di molti dei guasti che prendono corpo nella vita dei bambini, influenzandone il percorso anche nelle fasi successive.

Basterebbe guardare con un poco di attenzione ciò che accade nelle nostre famiglie e nei gruppi classe, quando uno o più minori non si sentono riconosciuti nella loro individualità e confusi nel brodo indistinto del gruppo.

Vediamo ad esempio il percorso di questa donna, sacrificata all'interesse generale del gruppo familiare fin da quando era una bambina: «*Siamo cinque fratelli, io sono l'unica femmina. Loro si sono sposati tutti, e da sempre, visto che erano impegnati nel negozio di famiglia, io mi sono occupata dell'assistenza alle loro famiglie, facendo da baby-sitter oppure aiutando i figli nei compiti. A un certo punto mia madre mi ha chiesto di lasciare l'università per dedicarmi con maggiore applicazione al sistema familiare allargato. Controvoglia, ho dovuto accettare. In quel periodo mi sono allontanata anche dal fidanzato e, data la vita segregata che conducevo, non ne ho trovato un altro. Ora, a 35 anni, sono nubile, non ho un titolo di studio e sono caduta in depressione*».

Questo gruppo familiare, guardato come la Via Lattea a occhio nudo, potrebbe sembrarci equilibrato e ben funzionante. Almeno così doveva apparire ai genitori, poiché ognuno aveva un ruolo funzionale all'interesse generale.

Una bella squadra, come si dice in gergo.

Ma se su questo scenario quasi idilliaco puntiamo il telescopio di prima e guardiamo le vite dei suoi componenti prendendole una alla volta, ci accorgeremo che quell'equilibrio è stato costruito contro gli interessi di uno dei singoli. E se vogliamo essere franchi fino in fondo, non potremo non considerare che in quella pretesa c'è qualcosa di mostruoso. Nessuno di noi infatti accetterebbe di pagare prezzi del genere per fare funzionare meglio il gruppo. Nostro figlio sarebbe ancora meno entusiasta, dunque pensiamoci bene quando ci sfiora il pensiero di usare le vite dei minori come pezzettini di Lego, pedine di scambio, particelle di un'architettura più complessa.

Loro non sono parte del tutto. Loro sono tutto.

IL BAMBINO E LO SFONDO

Il gruppo sociale, dunque, come vedremo meglio in altre circostanze, non è l'oggetto di interesse principale dell'educatore, ma non può essere considerato fuori dal suo orizzonte, per almeno un paio di ragioni.

Innanzi tutto è evidente che il lavoro che compiamo su un singolo bambino rovescia i suoi frutti all'interno del gruppo sociale allargato, dunque se operiamo bene sul singolo bambino miglioriamo anche la qualità della vita all'interno di una comunità di persone.

In secondo luogo, fatto questo di vitale importanza, il gruppo riveste una grande funzione rivelatrice per quanto riguarda lo stile di vita del bambino. Prestiamo attenzione a questo passaggio perché è un altro pezzo fondamentale dell'edificio che stiamo cercando di costruire.

Il gruppo ci consente di misurare il livello di maturità dei suoi membri, in quanto le modalità con cui ognuno di essi si rapporta alla vita sociale ne rappresentano in maniera visibile gli orientamenti interiori, le inclinazioni profonde. Tuttavia questa incredibile funzione rivelatrice della vita sociale è talmente importante che impregnerà di sé l'intero volume.

Il gruppo sociale serve come sfondo per conoscere meglio il singolo, ma il protagonista della relazione educativa rimane l'individuo, poiché ogni minore rappresenta un sistema di riferimento singolare, che non ammette paragoni con qualsiasi altro sistema di riferimento.

Noi sappiamo che le regole di una disciplina scientifica valgono se applicate a un particolare universo, a un determinato *sistema di riferimento*. Così è per ogni intervento educativo, dove il sistema di riferimento non è genericamente il mondo degli educandi, poiché ognuno di loro è da considerare un sistema di riferimento completo ed esaustivo. Ogni minore è un puntino che affiora dalla nebbia dell'universo dei minori.

Allo stesso modo l'ambiente in cui il minore è inserito, sia esso la famiglia oppure il gruppo classe, è da considerare un ulteriore sistema di riferimento, le cui caratteristiche specifiche sono determinate dagli effetti dell'interazione degli stili di vita che vi agiscono. Ogni insegnante potrebbe testimoniare senza difficoltà che una classe emana una impressione particolarissima, specifica, non sovrapponibile a quella di qualsiasi altra classe.

Proprio questa è la ragione prima e fondamentale dell'assoluta inutilità di un approccio per "ricette".

Se dunque vogliamo cominciare a fare a meno delle ricette, secondo il nostro dichiarato intendimento, è necessario mettersi alla ricerca delle ragioni che sostengono tali affermazioni. Infatti, queste ultime, senza il soccorso di validi argomenti, potrebbero apparire drastiche o del tutto gratuite.

Mettiamoci alla loro ricerca seguendo un filo logico,

in modo che il quadro si componga senza difficoltà nella nostra testa, ma soprattutto facciamolo rivolgendo la nostra attenzione verso episodi del tutto ordinari. È una scelta deliberata la nostra, poiché non è cercando gli eventi eccezionali che possiamo trovare utili indicazioni per la nostra quotidianità, popolata quasi per intero di eventi ordinari e banali.

L'OCCHIO CHE GUARDA IL MONDO

Un bambino di cinque anni sta correndo intorno al tavolo della cucina di casa sua. La nonna assiste tranquilla alla scena, non si scompone. A un certo punto però nella stanza entra la madre. Il bambino teme che lei lo sgriderà e poi magari lo percuoterà, gli darà una sberla, così si gira di scatto come se volesse scansarsi, perde l'equilibrio e cade, tagliandosi il sopracciglio.

L'episodio è reale, come reale è tutto quello che leggerete in queste pagine, dove utilizzeremo riferimenti originali e "ordinari", vicini alla comune esperienza quotidiana di ognuno di noi.

Il racconto di cui ci stiamo occupando non è altro che il ricordo infantile di un giovane geologo, la cui madre di certo non era manesca, non avendolo mai percosso, né prima e neppure dopo l'episodio.

Quest'ultimo particolare è molto significativo per l'economia del nostro ragionamento, perché ci mette subito sulla strada giusta per capire se è vera l'affermazione iniziale, secondo la quale noi alleviamo individui e non gruppi sociali.

Se adesso cerchiamo di scomporre l'episodio, potremo verificare che da esso è possibile trarre una certa quantità di informazioni importanti, utili ad allenare la nostra capacità di riflettere. Aggiungiamo che ogni episodio, se osservato e scomposto con attenzione, può fornirci preziosa materia di apprendimento.

Dunque c'è un "fatto", una circostanza tangibile. *Il bambino correva come un forsennato per casa.*

Poi c'è una "congettura", ossia un costrutto non necessariamente obiettivo. *Il protagonista temeva che la mamma gli avrebbe dato una sberla.*

Infine vi è una "conseguenza" piuttosto visibile. *Il bambino si ferisce al sopracciglio.*

Sarebbe naturale pensare che il taglio al sopracciglio sia stato originato della corsa sfrenata, cioè dal "fatto", ma non è così. È stata la "congettura" a produrre quell'effetto.

Se il bambino non si fosse lasciato prendere dall'ansia per il temuto intervento punitivo della madre, la quale non aveva neppure lontanamente progettato quel tipo di azione, non sarebbe accaduto niente.

Abbiamo detto prima che quella madre non aveva mai percosso suo figlio, dunque non c'erano precedenti che potessero giustificare timori di quel genere nel minore. Se invece quei precedenti vi fossero stati, avremmo in qualche modo potuto mettere in carico a loro le paure del bambino o, perlomeno, avremmo potuto trovarle logiche. Tuttavia in questo caso non vi era traccia di precedenti che potessero giustificare l'aspettativa di una punizione corporale.

Potremmo attingere a caso tra mille episodi familiari e invariabilmente scoprire che la maggior parte delle volte non sono solo i fatti a determinare le conseguenze per la vita dei membri di un nucleo, bensì le idee che essi si sono costruite su quanto li circonda.

Queste affermazioni ci consentono di mettere da parte una piccola acquisizione, che ci aiuterà in seguito a capire come possiamo muoverci sul terreno educativo senza tirare a indovinare.

Una famiglia o un gruppo sociale, quale può essere un gruppo classe, sono composti di individui che costruiscono la loro idea sulla realtà basandosi su congetture, convinzioni personali e punti di vista, non necessariamente obiettivi.

La mancanza di obiettività non impedisce però ai diretti interessati di prendere molto sul serio i costrutti che ne derivano, considerandoli veri e propri dati di fatto, verità incontestabili.

Stiamo mettendo i piedi su un terreno delicato, una sorta di scrigno da cui estrarre oggetti piacevoli e sorprendenti.

Tali modalità di lettura del reale scaturiscono (ma nel contempo contribuiscono a determinarla) dalla personale "logica privata" che possiamo reperire in ogni individuo. Anche, ricordiamocene, in nostro figlio o nell'alunno che siede di fronte a noi. Si tratta dell'insieme di idee e convincimenti, su noi stessi e sull'ambiente nel quale siamo immersi, ai quali facciamo riferimento per orientarci nel nostro procedere. Sono i nostri personalissimi strumenti di misura, con i quali, a partire dall'infanzia, noi valutiamo quanto tocca la nostra sfera personale.

Ma proprio la stessa definizione di questa modalità di lettura del mondo che, seguendo un'intuizione di Alfred Adler, chiamiamo "logica privata", ci fa intendere che siamo di fronte ad un meccanismo di valutazione, quindi a un modo di procedere molto soggettivo. Le misure di peso, di capacità e di lunghezza che utilizziamo possono essere tarate in modo pessimo e indurci in errore.

L'espressione "logica privata" ci informa dunque della presenza di una questione determinante per la comprensione del modo di muoversi dell'educando, ma soprattutto ci pone di fronte alla fondamentale necessità di partire proprio da quella se vogliamo che il nostro intervento colga nel segno.

UNA COSTRUZIONE MOLTO SOGGETTIVA

Facciamo un passo avanti e cerchiamo di comprendere come si organizzano nella testa di un bambino quei convincimenti, spesso scarsamente fondati, che diventeranno il materiale da costruzione per la sua logica privata.

Ci addentreremo in percorsi che potrebbero apparirci addirittura stravaganti, eppure se non partiamo da essi la comprensione dei minori diventerà, se non impossibile, perlomeno difficile e comunque insoddisfacente.

Nel breve testo che segue sono contenuti alcuni indizi illuminanti su come un bambino inizia il suo rapporto col mondo, basandosi su "impressioni" soggettive oppure dando valore assoluto agli avvenimenti che lo investono.

«Sono l'ultima di quattro femmine, arrivata per caso, quando i miei oramai non avevano in programma altri figli.

Mia madre aveva superato i quarant'anni e dunque non era entusiasta della nuova gravidanza, mio padre invece desiderava un maschio, forse perché sperava ne prendesse il posto nella sua officina, così quando ha saputo che si trattava di un'altra femmina non è venuto neppure a vedermi in ospedale. Dev'essere stata una brutta delusione per lui.

Le mie sorelle possiedono l'album fotografico con le varie tappe della loro infanzia. Io avrò sì e no qualche foto sparsa.

Così sono venuta su triste e malaticcia, priva di entusiasmo. Mi sentivo come un'ospite nella mia famiglia, una presenza periferica.

In quarta elementare però accadde qualcosa. Il medico, vedendomi gracilina, aveva consigliato ai miei genitori di portarmi una settimana in montagna. Con mio enorme stupore, mio padre chiuse l'officina e, insieme a mia madre, mi accompagnò in montagna fermandosi per tutta la settimana con noi».

Se proviamo a metterci nella testa di quella bambina, possiamo intuire cosa potrebbe essersi verificato.

Fino a qual momento il padre l'aveva quasi ignorata o comunque lei aveva avuto l'impressione che egli non coltivasse alcuna forma di interesse nei suoi confronti, poi il medico aveva stabilito che lei stava male e l'atteggiamento del genitore si era modificato.

A questo punto accade qualcosa di enorme interesse che dovrebbe attirare l'attenzione di noi osservatori.

La bambina, in modo non necessariamente volontario, inizia a riflettere sulla nuova realtà che va determinandosi davanti ai suoi occhi. Di certo non può sfuggirle che il risveglio dell'attenzione paterna è scattato in concomitanza con il suo stato di bisogno. Da qui al passo successivo la distanza è brevissima.

Alla condizione di malattia sono legati vantaggi inattesi e non c'è ragione per non approfittarne.

Questo legame "arbitrario" che la bambina aveva individuato, malattia = vantaggi, se non viene smontato da educatori in grado di coglierlo e di neutralizzarlo, si fisserà proprio perché conveniente, cominciando a informare di sé lo stile di vita della protagonista, accompagnandola fino alla maturità.

Non è un caso se la bambina di cui stiamo parlando è entrata nello studio del terapeuta a 20 anni, affetta da una forma piuttosto seria di anoressia nervosa, dopo essere passata per altre forme di sofferenza piuttosto "visibili".

Il meccanismo, una volta avviato, era rimasto in vita, anzi si era rinforzato nel corso del tempo generando comportamenti coerenti, che rimandano a una trama ben precisa che li origina, a uno stampo che li modella e li rende riconoscibili.

ANALOGIE CONVENIENTI

Proprio questo è il punto. *I comportamenti coerenti dei minori, per gli educatori, possono rappresentare una miniera di informazioni preziosissime*, anzi essere determinanti nella selezione degli interventi utili a quel caso specifico, perché descrivono in modo chiaro le caratteristiche della personalità che li genera.

Se un fenomeno tende a ripetersi, di sicuro non può essere frutto del caso. Più facile che dietro di esso ci possa essere una precisa ragione.

Tanto per rimarcare ancora una volta l'inadeguatezza di un approccio educativo centrato sulle ricette, possiamo verificare agevolmente come ogni intervento, che cade fuori dalla trama organizzatasi intorno alla logica privata, rischi di risolversi in quel *tirare a indovinare*, responsabile dell'innaturale distanza che talvolta si crea nel nostro rapporto con i minori e che noi adulti attribuiamo volentieri ai capricci dei minori stessi.

In genere, quando un minore non si sente *colto*, *corrisposto*, avvertirà nell'intervento dell'adulto qualcosa che stride rispetto alle sue aspettative, ai suoi bisogni. Una sgradevole sensazione di estraneità. Questo, nel tempo, porterà alla perdita della fiducia nei confronti dell'educatore. Succede anche a noi adulti quando ci troviamo di fronte al nostro medico e proviamo la sensazione che non sappia da che parte andare.

Del tutto diverse, invece, sono le reazioni quando un minore si sente *"riconosciuto"*. Se egli capisce che l'educatore comprende la trama dei suoi movimenti, se capisce che l'adulto è perfettamente in grado di indovinare dove egli vuole andare a parare, gli accorderà la sua fiducia.

Ma torniamo al caso sul quale stavamo riflettendo.

La bambina percepisce che la malattia aveva acceso un interesse nuovo per la sua persona da parte del padre, come mai era accaduto in passato.

A questo punto si verifica una conseguenza che possiamo considerare del tutto naturale, giacché anche noi adulti tendiamo a seguire percorsi piuttosto simili.

Se un comportamento genera vantaggi, un bambino, per "analogia", tenderà a estenderlo a tutto lo spettro della sua esperienza. Tuttavia se prestassimo attenzione anche alle nostre personali modalità di approccio alla realtà, scopriremmo senza fatica che non sono soltanto i bambini a reiterare i modi di pensare e di agire.

Tutto ciò che si rivela economico, ossia *conveniente*, noi tendiamo a perpetuarlo, mentre, con la stessa logica, siamo portati a scartare quanto ci risulta svantaggioso.

È proprio l'esasperazione di questo principio che talvolta innesca meccanismi "malati", come accade nelle forme ossessive, quando un individuo si convince arbitrariamente che potrà tenere a bada le proprie ansie ripetendo all'infinito un certo rituale.

E sarà proprio la presenza di queste singolari corrispondenze, se abbiamo voglia di prestare attenzione al comportamento del minore, a rendere riconoscibile, come se avesse un marchio, il suo stile di vita e le logiche che lo sostengono

In fondo, questo tipo di condotta possiede una propria logica e tutti noi possiamo verificare quanto siamo invischiati in meccanismi simili, in tutto o in parte.

Non è solo questione di logica. Anche di comodità e di sicurezza.

Quando abbiamo imparato una procedura tendiamo a renderla definitiva, a meno che nel tempo non subentrino *svantaggi* che ci suggeriscono di regolarci in modo diverso. La correzione del minore diventa molto efficace se, invece di fare ricorso a punizioni a casaccio, punta sulla creazione "intelligente" di contromisure che, divenendo fonte di svantaggi mirati, possono indurre il minore a cambiare strada.

CAPITOLO TERZO
GLI EFFETTI DEL TIRARE A INDOVINARE

Siete comodamente seduti su una poltrona del vostro cinema preferito, sinceramente appassionati alla pellicola che state vedendo.

La prossimità del finale aumenta il vostro stato di eccitazione. Tutti i quesiti accumulatisi nella vostra testa durante la proiezione stanno per sciogliersi; ma proprio mentre la vicenda inclina verso la stretta decisiva, in quella sala entra la banda musicale cittadina al completo che inizia un imprevisto e non richiesto concerto ad altissimo volume, rovinandovi la visione dello spettacolo, nonché l'umore, per l'intera serata.

Vorreste protestare contro i disturbatori, ma loro non vi degnano neppure e proseguono con sempre maggiore fervore la loro esibizione. Provate una sensazione sgradevole, sentite che è stato violato un vostro diritto, siete pervasi dalla chiara percezione di avere subito un arbitrio e per tale ragione avvertite un notevole carico di risentimento nei confronti degli intrusi.

È successo chissà quante volte nella vita di ognuno di noi, che qualcuno, intervenendo a sproposito o in modo intempestivo, ci abbia indisposto scatenando rimostranze o comunque sentimenti negativi. Ebbene, nella vita dei bambini questa sensazione è pressoché quotidiana, con la differenza che a loro raramente è permesso di presentare rimostranze.

«Quando ero piccolo sono stato spinto dai miei genitori a suonare il pianoforte. Avevo 5 anni e quello strumento non mi piaceva. Sono andato avanti per dieci anni giusti, studiando per ore ogni giorno, fino a quando ho potuto svincolarmi da quella schiavitù.

Ma a uno strumento che non ti piace ti puoi anche abituare, ciò a cui non ti abitui sono le conseguenze. Tutte quelle ore passate davanti alla tastiera io avrei desiderato passarle con i miei compagni che giocavano, sono state ore sottratte alle mie relazioni sociali. Mi sono mancate molto. Sono cresciuto in solitudine, un tratto che ha influenzato parecchio il mio carattere.

I miei si sono sempre giustificati con il fatto che i miei compagni abitavano troppo lontano da casa nostra e loro non potevano distrarsi ogni giorno dalle incombenze dell'azienda familiare».

Non possiamo, neppure per un istante, ipotizzare che i genitori di questo bambino abbiano progettato di creargli un danno, tuttavia il risultato finale negativo si è prodotto ugualmente.

Possiamo dunque affermare, concetto questo di estrema importanza, che non è necessario volerlo, neppure con tutta le propria forza, per creare un problema nella vita di un minore. *L'educazione non è sempre un "atto volontario"*, anzi il più delle volte ciò che trasmettiamo ai bambini non lo facciamo "apposta".

Educare non è come farsi una foto, non occorre mettersi in posa, si educa e basta. Tutto ciò che affiora dal nostro comportamento viene letto dal bambino come una comunicazione. Se un genitore inveisce volgarmente contro i passanti mentre si trova alla guida della sua automobile, non può sperare che il figlio scarti quell'immagine come se si trattasse di una figurina priva di significato. Non è l'adulto, purtroppo per tutti noi, che decide il criterio con cui il bambino selezionerà le immagini che scorrono davanti ai suoi occhi.

Nel caso di prima, forse il pianoforte in quanto tale non c'entra nulla, il punto è che tutti i passaggi che avrebbero condotto alla formazione di una decisione così impegnativa per la vita del figlio non avevano tenuto conto proprio dei desideri di quest'ultimo.

Le conseguenze, come si può apprezzare dalle stesse parole del protagonista, non sono state lievi, poiché la scelta dei genitori ha avuto effetti non solo sulle competenze musicali del bambino, che certamente sono cresciute, ma è andata a toccare l'impianto della sua intera vita sociale, "modellandolo" secondo orientamenti che il diretto interessato trova oggi contrari ai propri interessi. Certo, molti geni del pianoforte non sarebbero diventati tali se qualche bambino non avesse rinunciato, in tutto o in parte, alle attività sociali, ludiche o di altro genere. Inoltre, per un genio che si palesa sono migliaia i bambini che alla fine si sono semplicemente persi la compagnia dei coetanei.

Una scarsa consuetudine alla vita sociale produce riflessi anche sull'opinione di se stesso che un bambino si costruisce e lo stile con cui egli si rapporta al suo prossimo ci dice molto della sua personalità, del modo in cui è cresciuto, dei suoi convincimenti profondi, degli orientamenti per la propria vita.

Tuttavia, oltre ad essere misuratore delle inclinazioni del bambino, la vita sociale concorre a determinarle, dunque, se essa viene limitata, anche per nobilissimi motivi oppure per ragioni pratiche di lavoro legate alla vita dei genitori, è del tutto evidente che succederà qualcosa. Non necessariamente di segno negativo, ma è difficile che una pianta tolta dalla terra possa svilupparsi in tutta la sua potenzialità.

UNA SOLA VOLONTÀ

L'inclinazione all'arbitrio, purtroppo, è un tratto che permea il comportamento degli esseri umani, in qualità e quantità diverse, a seconda degli individui che ne fanno sfoggio. Si va dai piccoli arbitri quotidiani, quelli che commettiamo continuamente senza rendercene conto, a quelli che costano la vita a intere popolazioni, veri e propri crimini, talvolta orrendi e che, contrariamente a quello che pensiamo, si consumano ancora oggi con una certa frequenza.

Non è necessario essere professionisti della violenza, grandi dittatori o politici malaccorti per entrare nella categoria dei sopraffattori.

Tutte le volte che cerchiamo di imporre le ragioni del nostro punto di vista a prescindere dalla loro validità, solo perché rappresentano il nostro punto di vista, e soprattutto quando approfittiamo di una posizione gerarchicamente favorevole, noi possiamo diventare, magari senza volerlo, sopraffattori dei nostri simili.

Ovviamente, un atto di sopraffazione è più facile quando esiste un'asimmetria di posizioni, ossia quando il rapporto si gioca tra soggetti non investiti del medesimo potere, tra persone che non abitano lo stesso piano, come accade in una relazione educativa, all'interno della quale il potere è fortemente sbilanciato verso la componente adulta.

Tuttavia, l'educatore che utilizza in modo eccessivamente arbitrario il potere che gli viene conferito in virtù del proprio ruolo, sul tempo lungo è condannato a perdere la sua partita. Su questo non esiste dubbio alcuno.

Basta sentire i racconti che i pazienti adulti riportano a proposito della loro infanzia.

I bambini sono dotati di antenne sensibilissime e si rendono conto, anche solo intuitivamente, quando la persona che si trovano di fronte utilizza in modo eccessivamente discrezionale i privilegi che gli derivano dalla propria posizione, solo che talvolta, per ragioni di sopravvivenza, i minori sono costretti a differire la presa d'atto di ciò che subiscono.

La forza di cui sono dotati non è sufficiente a scalfire la posizione di chi si occupa di loro, e questo li obbliga a subire per necessità, ma ciò non significa che non siano in grado di farsi delle idee precise sugli adulti che popolano il loro universo, soprattutto di quelli con i quali sperimentano frequentazioni quotidiane, come nel caso dei genitori o degli insegnanti.

Purtroppo gli adulti fanno di tutto per convincersi che un bambino non vede nulla, non registra nulla, e quand'anche vede qualcosa di sbagliato non è in grado né di interpretarla né tantomeno di capirla. Così accade che un educatore possa ostinatamente ripetere il medesimo errore senza avere neppure la sensazione che al bambino non sfugge quasi nulla, così come non è sfuggito nulla a questa persona che attualmente ha 30 anni.

«Mio padre era egoista, qualche volta arrivava persino alla grettezza, malgrado le belle parole che spesso accompagnavano le sue espressioni.

Ad esempio ricordo di quando eravamo bambini e si stava a tavola tutti insieme. Lui si serviva sempre per primo e sceglieva la roba migliore, lasciando a noi quello che a lui era parso di seconda scelta, ma la cosa più intollerabile riguardava le quantità. Se a tavola c'erano cinque bistecche, lui se ne prendeva due o tre, ma noi eravamo in cinque e qualcuno finiva per rimanere senza oppure ci toccava dividere una bistecca in due».

Il lascito di questo comportamento paterno, che evidentemente non era isolato e rispondeva ad uno stile coerente, si è tradotto in una generale perdita di stima da parte dei figli.

Un bambino possiede un'idea del mondo piuttosto lineare, semplice. Per tanti versi non sarebbe male se noi educatori qualche volta li imitassimo. Sarebbe un contributo positivo alla causa della convivenza dei gruppi sociali, ma soprattutto ci aiuterebbe a entrare in sintonia quasi perfetta con i minori.

Se un antropologo deve comunicare con i membri di un popolo che conosce in maniera approssimativa, cercherà per quanto possibile di utilizzare il loro linguaggio. I bambini percepiscono il mondo in maniera essenziale, magari un poco radicalizzata, tuttavia chiara. I loro schemi sono piuttosto sbrigativi e in genere tendono a separare la realtà tra buona e cattiva, ma questo non significa che questo metodo non possa talvolta rivelarsi più efficace di quello, certamente sofisticato ed evoluto, che utilizziamo noi adulti.

Forse il grande comico del cinema pionieristico, Groucho Marx, questo non lo sapeva, eppure sull'argomento gli è scappata una battuta davvero geniale, più efficace di molte parole specialistiche: «Queste regole sono semplicissime, le capirebbe un bambino di 4 anni. Chico, vammi a trovare un bambino di 4 anni, perché io non ci capisco niente!».

Per quanto possa apparire un paradosso, è proprio questa percezione elementare delle cose che rende i bambini tanto perspicaci e le loro convinzioni così granitiche, conducendoli talvolta a emettere condanne senza appello su chi si occupa di loro in maniera approssimativa.

Un insegnante che legge il giornale per conto proprio durante le ore di scuola, invece di fare lezione, credendosi un fantasma invisibile agli occhi dei bambini, oppure le maestre che chiacchierano con le colleghe dei fatti loro ignorando gli alunni, giusto per fare un esempio, popolano la memoria di tantissime persone e spesso affiorano tra gli episodi dell'infanzia che vengono riportati al terapeuta. Lo stesso vale per i genitori, non solo per quelli che arraffano le bistecche dal piatto lasciando ai figli solo gli avanzi.

Comunque, questo modo "elementare" di percepire e di procedere non è semplicemente legato alla scarsa esperienza del bambino, ma rappresenta un meccanismo di orientamento assolutamente necessario e insostituibile.

Un persona di pochissimi anni si deve costruire in fretta dei convincimenti su una serie di individui, gruppi sociali, oggetti e fenomeni vari senza poter contare su un basamento di esperienze accumulate. In qualche modo potremmo dire che parte sempre da zero.

Ci sono innumerevoli esperienze che il bambino compie *"per la prima volta"*, tutti i giorni, e noi sappiamo quale carico di ansie si trascina dietro la novità. Anche per questo può accadere che i bambini si stressino più rapidamente di noi adulti, soprattutto quando a questo continuo logorio rappresentato dal confronto con l'ignoto si aggiungono le attese dei grandi, i quali sovente pretendono risultati in tempi rapidi.

Per questo il bambino deve costruirsi in fretta un mucchietto di convinzioni su un ambiente che conosce da poco e per sommi capi. È esperienza comune essersi trovati di fronte a bambini che spossano di domande, anzi quando tale curiosità sembra non esserci o si manifesta in modo insufficiente, l'educatore tende a preoccuparsi.

Non possiamo dimenticare che il bambino è arrivato da poco tempo al mondo e spesso il suo spazio di movimento è coinciso con l'estensione del territorio familiare. Il collaudo sociale per moltissimi bambini si è spesso limitato a relazioni fisse, in ambiente protetto e con attori in genere disposti ad assecondarlo. Quindi è posto in un contesto che non riproduce perfettamente quello delle relazioni sociali allargate, dove in qualche modo si gioca un "tutti contro tutti", un contesto che, sebbene temperato dal naturale istinto alla cooperazione presente negli esseri umani, tuttavia è meno compiacente delle relazioni interne alla famiglia.

Dunque, pur non potendosi considerare ingannevole rispetto al realismo del clima sociale esterno, la vita familiare ne riproduce solo alcuni aspetti e per questo è fondamentale che il bambino non venga tenuto troppo lontano dalle relazioni con i suoi coetanei. Comunque sia, queste sono le premesse a partire dalle quali il bambino deve costruirsi le sue opinioni sulle persone e sulle cose. Affinché sia poi in grado di fare dei movimenti in avanti, deve avere delle opinioni, poiché senza di queste non può operare alcuna scelta.

In pratica, senza opinioni egli rimarrebbe paralizzato o finirebbe per scegliere sempre l'opzione più facile che, come sperimenterà sulla propria pelle, spesso nasconde sorprese sgradevoli.

Tuttavia, dopo questo inevitabile ma utilissimo rodaggio, da un certo momento in avanti egli comincerà a possedere dei "precedenti specifici" e questo gli consentirà di dare valutazioni più fini della realtà, giungendo talvolta a mettere gli adulti in situazioni morali davvero imbarazzanti. È quanto accade nella vicenda che segue. Minimalista, ma di enorme significato.

I BAMBINI CI ESAMINANO. SENZA SOSTA

Proviamo a verificare quanto detto nelle righe precedenti, accomodandoci in una seconda elementare di non troppi anni fa. *L'insegnante titolare della classe, temporaneamente assente, è stata sostituita dalla supplente. Graziella si alza dal suo banco e si avvia verso quello di Daniela per recuperare la propria gomma, ma la supplente la redarguisce e poi la mette in castigo perché si è alzata senza chiedere il suo permesso.*

Valutato in modo astratto, l'intervento della maestra potrebbe apparirci adeguato alla circostanza. Se in una classe l'insegnante permettesse agli alunni di muoversi liberamente quando ne hanno voglia, scoppierebbe un finimondo. Obiezioni del genere risultano difficili da contestare.

C'è però il rischio di cadere in un giudizio disancorato dalla specifica realtà in cui l'episodio viene a cadere.

Quando tentiamo di valutare una qualsiasi situazione educativa estrapolandola da se stessa, ossia separandola dal tempo e dallo spazio in cui vive, ne decretiamo in qualche modo l'illeggibilità, per una serie di ragioni molto importanti.

Dobbiamo considerare che l'educazione è un percorso che si nutre quasi esclusivamente di *specificità*, poiché i termini in gioco non sono mai gli stessi e non lo sono neppure le situazioni, neppure quando scenario e personaggi si ripetono. Basterebbe verificare quante volte nell'arco della giornata i nostri stati d'animo si modificano, per capire come uno spaccato umano in cui sono presenti adulti e minori sia suscettibile di plasticità e come questa, di conseguenza, richieda agli attori, particolarmente a coloro che rivestono responsabilità educative, valutazioni non generiche. Tutti sappiamo che le medesime situazioni, vissute con stati d'animo diversi, determinano esiti mai uguali e possono apparirci sorprendentemente nuove.

Vent'anni dopo, la protagonista dell'episodio non è ancora riuscita a mandare giù quella che allora come oggi le sembra una punizione ingiusta, e ne spiega così i motivi:

«L'insegnante titolare ci aveva abituati a sentire la classe come casa nostra, contava molto sulla nostra responsabilizzazione, per questo potevamo alzarci liberamente e senza permesso tutte le volte che lo ritenevamo necessario. Un giorno lei si è ammalata e per un paio di settimane è arrivata la supplente la quale, senza porci nessuna domanda e senza minimamente informarsi su quali fossero le abitudini e le regole della nostra classe, ha imposto, per giunta senza preavvisarci e senza presentarcele, regole nuove.

Molti di noi, abituati al clima democratico che vigeva in aula con la nostra maestra, subirono punizioni analoghe alla mia. Io non ho mai dimenticato quella che è stata inflitta a me».

Adesso proviamo a mettere in parallelo i due episodi, quello della banda che fa irruzione a sproposito nel cinema e quello della bambina arbitrariamente punita dalla supplente.

Si tratta della medesima famiglia di fenomeni, con la

differenza che il primo fenomeno è inventato utilizzando la categoria del grottesco mentre il secondo è assolutamente vero, grottesco naturale, e ci parla di uno dei modi preferiti da molti adulti, anche titolari di delicate funzioni, per fare irruzione nel mondo dei minori.

IL BAMBINO FANTASMA

Abbiamo cominciato nel capitolo precedente a fare conoscenza con il concetto di *logica privata*, ma prima di procedere su quella strada dobbiamo occuparci di cose meno sofisticate, che incrociamo frequentemente nel nostro quotidiano e delle quali conosciamo molto meno di quanto dovremmo sapere.

Una trentacinquenne non riesce a liberarsi dal vizio di bere, malgrado il conforto di due figli piuttosto piccoli, avuti da un matrimonio rovinatosi molto in fretta. La sua dipendenza dall'alcol risale all'adolescenza. Non era bellissima e non si sentiva neppure intelligente, ma soprattutto non aveva amici e faceva fatica a legare con le persone; gli eventi e gli adulti non l'avevano certo aiutata.

«La mia esistenza procedeva normalmente, nel quartiere mi trovavo bene e avevo delle buone relazioni, anche a scuola le cose procedevano senza grossi problemi. Fino a quando, avevo 9 anni, papà decise da un giorno all'altro che ci saremmo trasferiti dall'altra parte della città. Aveva trovato una casa con un affitto un poco più basso. Non era un risparmio così forte, ma lui non volle sentire ragioni e tutti dovemmo adeguarci. La mia vita fu come capovolta, non vidi più i miei amici del quartiere e neppure i compagni di scuola, perché dopo quell'estate mi iscrissero alla scuola elementare vicina

alla nuova casa. Non avevo più riferimenti e cominciai a declinare. Mi sentivo ogni giorno peggio e piano piano la situazione mi apparve senza rimedio. Infilai una serie di errori che progressivamente hanno rovinato la mia vita, quella di mio marito e quella dei miei figli».

Si potrebbe dire che quel trasloco non costituiva un grosso problema, in fondo si trattava della medesima città, di un semplice cambio di quartiere. Insomma, pochi chilometri che un autobus di linea copriva in un tempo breve, appena qualche minuto.

Se il punto di vista con cui valutiamo tempi e distanze è quello di noi adulti, allora il ragionamento fila perfettamente. Per noi le cose stanno esattamente nel modo descritto. Ma qui stiamo parlando di bambini e questo modo di affrontare la questione non tiene conto della realtà specifica.

Per un bambino di 9 anni (non parliamo di quelli più piccoli) la distanza tra due quartieri, anche contigui, può divenire un abisso, pochi chilometri sono per lui un oceano che separa le sponde di due continenti, soprattutto trent'anni orsono, quando non esistevano i sofisticati modi di comunicare di cui oggi anche i minori dispongono.

Questa vicenda non può certo essere tradotta in modo sbrigativo, concludendo che ogni trasloco andrebbe preventivamente concordato con i nostri figli, dal momento che talvolta siamo costretti a spostarci per ragioni indipendenti dalla nostra volontà; tuttavia non possiamo fare a meno di ricordare che la traumatica rottura di relazioni sociali significative può rappresentare una grave infrazione per la serenità di un bambino. Prenderne atto è uno dei tanti modi per rammentare a noi stessi che l'infanzia è un mondo reale, che vive anche al di fuori dei pensieri e dei progetti di noi adulti.

CAPITOLO QUARTO
GUARDARE DALLA PARTE SBAGLIATA

Quando dobbiamo fare un acquisto di un certo valore, di solito ci preoccupiamo di verificare se siamo in possesso della somma necessaria per fare fronte alla spesa relativa. In base al responso della verifica decidiamo i tempi e i modi del nostro procedere. Magari nella realtà di oggi non funziona esattamente così, ma questo non muta la validità della procedura.

Si tratta di una prassi che ogni persona equilibrata troverebbe ragionevole dal momento che essa ci permette di commisurare l'impegno che stiamo per assumere alla nostra reale disponibilità finanziaria, dandoci modo di non fare il classico passo più lungo della gamba.

Questo principio elementare può essere assunto quale metafora del modo in cui il minore tende a rapportarsi alla realtà, con una differenza importante, anzi fondamentale. Nel caso del bambino il meccanismo si inceppa, dando luogo a valutazioni spesso calibrate male che poi generano comportamenti, offensivi oppure difensivi, piuttosto dispendiosi e logoranti. Per essere ancora più precisi, non solo il minore sbaglia a valutare le proprie risorse e la loro compatibilità con i compiti che egli deve affrontare, ma si comporta come se le sue valutazioni fossero assolutamente esatte.

Egli si comporta più o meno come una persona agiata la quale, senza un fondato motivo, è convinta di essere povera e si comporta "come se" quella fosse la verità.

Un atteggiamento illogico e apparentemente inspiegabile, tuttavia capace di dare luogo a conseguenze tangibili che si prolungano ben oltre l'infanzia e l'adolescenza. Sappiamo che un convincimento infondato, ma difeso con ostinazione, può diventare letale quanto un proiettile per il minore che lo genera. Un bambino non inventa totalmente la realtà, semmai la piega verso logiche di dubbia fondatezza che dentro di lui vivono come verità assolute.

In altre parole, ciò che arriva dall'esterno viene elaborato, catalogato e "imballato", attraverso un meccanismo di valutazione che non somiglia per nulla ai raffinati strumenti utilizzati dai commercianti di preziosi. Non siamo di fronte ad una bilancia elettronica oppure a un orologio atomico di altissima precisione. Il bambino decide pesi e misure "a occhio", seguendo le proprie sensazioni e i propri schemi, gli strumenti dei quali si fida maggiormente.

Questi ultimi, come buchi neri di infinita potenza attrattiva, catturano le informazioni in arrivo e le convogliano verso un esito già deciso.

Nell'affascinante testa del bambino sopravvivono *antichi letti di fiumi prosciugati capaci di catturare tutta l'acqua piovana che scende dal cielo, incanalandola nei loro percorsi obbligati.*

Conviene tenere bene a mente questo concetto, poiché ci troviamo di fronte a un passaggio determinante per la comprensione del modo di muoversi del minore.

Comprendere e tentare di spiegare le ragioni di questo particolarissimo fenomeno sarà l'obiettivo di questo capitolo. Se riusciremo a darci una spiegazione convincente, avremo guadagnato un altro pezzo della mappa che ci condurrà a conoscere meglio il nostro bambino.

LOGICHE STRABICHE MA INESPUGNABILI

Proprio alla luce di queste premesse, mettersi nei panni del bambino appare un'autentica necessità per un educatore; invece è proprio sulla continua trasgressione di questo principio, incessantemente violato, che si fonda la maggior parte dei nostri errori.

Ogni volta che si ragiona diversamente, infatti, si incorre in una serie di sviste che possono far diventare difficili anche le cose più elementari, costringendoci magari a fare ricorso alla consulenza di uno specialista. L'intervento di quest'ultimo il più delle volte si potrebbe evitare se non ci lasciassimo prendere dall'ansia di fare in fretta e se osservassimo più attentamente i segnali emessi dal bambino.

Tali comunicazioni in arrivo dal bambino sono indirizzate prevalentemente al genitore oppure all'insegnante, non certamente allo psicologo, che il più delle volte potrebbe rimanere fuori dalla rappresentazione senza che se ne avvertisse la mancanza. Di sicuro non ne sentirebbe nostalgia il minore stesso, che dell'aiuto di questa figura farebbe volentieri a meno, non perché abbia dei conti aperti con psicologi e psicologia, ma per la ragione, assai più semplice, che non è di loro che sente il bisogno.

Infatti, poiché il destinatario delle sue comunicazioni è l'educatore, il minore vive quasi come un'offesa alla propria sensibilità il tentativo di delegare il suo problema ad altri, a figure fredde e lontane. In effetti egli tende a captare solo quei segnali che si accordano con le sue tesi le quali, abbiamo già detto, oltre a non brillare per obiettività, pendono quasi sempre dalla parte sbagliata, fornendogli un'idea deficitaria di se stesso.

Sappiamo che il bambino tende a sentirsi perennemente inadeguato e spesso ritiene di non contare abbastanza per i propri genitori: per tale ragione non vede di buon occhio il fatto che i segnali indirizzati a loro vengano deviati verso una figura professionale esterna, poiché questo gli fornisce indirettamente la conferma che il guasto è solo dentro di lui. Quindi siamo di fronte ad una doppia delusione, che investe il bambino frontalmente. Da una parte egli sente di non essere stato capito esattamente, dall'altra avverte che l'origine del problema è stata individuata in lui.

Del resto sarebbe la stessa cosa anche per noi adulti. Se il nostro coniuge ci confidasse di essere deluso dalle nostre distrazioni nei suoi riguardi, non si sentirebbe certo sollevato se gli rispondessimo che può parlarne tranquillamente con il nostro psicologo di fiducia oppure con il nostro migliore amico.

Ogni volta che pensiamo di applicare una misura del genere nei confronti di nostro figlio, dovremmo preventivamente domandarci come ci sentiremmo noi stessi al suo posto. Molti sono gli ambiti in cui potremmo trarre beneficio da questo semplice gesto di identificazione. Uno per tutti, ad esempio, è quello della gelosia tra fratelli o tra compagni di classe, un fenomeno del tutto naturale che sovente viene visto dai genitori o dagli insegnanti come una specie di morbo delle relazioni.

In realtà, come vedremo meglio quando ci occuperemo del significato della vita sociale, si tratta di un sentimento persino utile nello sviluppo della personalità, e in ogni caso di un segnale rivelatore della situazione interiore dei bambini che ci troviamo di fronte. In definitiva, è un'opportunità per chi deve leggere nel loro animo e trarne auspici per i propri interventi.

Adesso vediamo concretamente cosa accade allorché, invece di tenere conto di questi vissuti del bambino, noi guardiamo dalla parte sbagliata oppure non guardiamo affatto. Toccheremo con mano come può sentirsi, ma soprattutto come si comporta, un bambino quando i suoi segnali non vengono captati oppure quando gli adulti avvertono lo stato di disagio del minore, ma non sono in grado di fronteggiarlo.

Ci soffermeremo con attenzione sul caso che segue poiché, proprio per la sua ordinarietà, propone elementi che possiamo agevolmente riscontrare nella nostra esperienza quotidiana, sia che recitiamo il ruolo genitoriale, sia che svolgiamo il compito di insegnanti.

Quindi una situazione per nulla insolita.

QUANDO LO SGUARDO SI ANNEBBIA

Una coppia di giovani genitori è venuta a parlarmi di Giovanni, 11 anni, il loro primo figlio. Il trattamento, che nei voti dei miei interlocutori e degli insegnanti (che spesso "spingono" perché la famiglia si faccia "aiutare", ma talvolta questo impedisce loro di osservare se stessi) avrebbe dovuto coinvolgere direttamente il bambino per un periodo lungo, è durato in realtà lo spazio di una seduta, senza che Giovanni vedesse mai direttamente il terapeuta.

Un incontro mancato, come dovrebbe accadere spesso in questi casi, risoltosi a tutto vantaggio del minore che, tra le conseguenze delle sviste dei genitori, sarebbe stato costretto a includere una terapia non dovuta e comunque non desiderata, come ogni lettore potrà costatare senza fatica.

Un adulto può liberarsi quando vuole di una terapia non dovuta e non desiderata, un minore non sempre possiede le risorse per farlo. Dunque, prima di accoglierne uno in trattamento, è buona norma cercare strade alternative, in particolare è necessario verificare se il problema può essere risolto attraverso colloqui con i soli genitori. Nella maggior parte dei casi, se questi ultimi collaborano, non c'è bisogno di coinvolgere direttamente il bambino nel consulto o nella eventuale terapia.

Preciso ancora che una delle ragioni per le quali mi è parso opportuno scegliere il caso che segue, è rappresentata dalla sua intrinseca chiarezza e vicinanza alle nostre sviste quotidiane, senza le quali si potrebbero evitare le lunghe catene di equivoci che complicano la vita a noi e ai minori.

«Abbiamo due figli, Giovanni e Davide, il primo ha undici anni, il secondo otto. Ultimamente gli insegnanti ci hanno convocato per segnalarci che Giovanni è diventato piuttosto irrequieto e aggressivo a scuola.

Sembra che tutto sia cominciato in concomitanza con l'arrivo in classe di un altro bambino, grande e grosso, con il quale nostro figlio sembra avere un rapporto difficile.

Gli insegnanti ci dicono che Giovanni vuole sempre essere al centro dell'attenzione, ma anche a casa il suo comportamento è eccessivamente vivace. Ci esaspera portandoci allo sfinimento e si placa solo quando ottiene qualche forma di punizione. Sembra quasi che voglia essere sgridato o comunque sanzionato a tutti i costi».

Ci sono già molti particolari su cui riflettere, ma gli aspetti più interessanti del racconto dei genitori devono ancora arrivare.

Intanto annotiamo che la differenza di età tra i due fratelli è di circa tre anni, questo significa che Giovanni ha iniziato a frequentare l'asilo proprio nel momento in cui Davide, il minore, era appena sbarcato in famiglia oppure stava per sbarcarvi, come si poteva chiaramente intuire dal pancione della mamma.

Siamo di fronte a due avvenimenti simultanei, l'inizio dell'asilo e l'arrivo del secondogenito, che, rapportati alla vita adulta, potrebbero evocare lo stesso carico di stress che può scaturire dall'inizio di un nuovo lavoro a qualche centinaio di chilometri da casa e, contemporaneamente, a una crisi coniugale.

Non dimentichiamo che un bambino di tre anni, figlio unico, che magari è stato a contatto solo con i genitori e la cerchia familiare, vive due novità di quella portata come autentiche rivoluzioni nella propria vita.

Dovrà sopportare l'idea di dividere le attenzioni dei genitori e dei parenti con un fratello, che essendo più piccolo avrà un "mercato" più favorevole; inoltre si vedrà costretto a passare molte ore al giorno lontano dal suo perimetro affettivo e in compagnia di estranei.

Noi adulti sappiamo che questo gli farà bene, che sarà persino determinante per lo sviluppo della sua personalità, ma il bambino non può saperlo. Egli non possiede un occhio così lungo e in una situazione del genere può avvertire una pressione molto grande sulla propria sensibilità. Non dobbiamo dimenticare che egli guarda, metaforicamente, l'orizzonte dall'altezza del pavimento, mentre noi adulti siamo collocati in cima a una torretta e sappiamo, perché possiamo vederlo agevolmente, cosa c'è oltre i cespugli che ostruiscono lo sguardo di un minore.

La differenza di prospettiva può incidere notevolmente sulla valutazione degli eventi, di questo dovremmo tenere conto tutte le volte che interagiamo con un minore. Assumere il punto di vista del bambino non significa sposarlo acriticamente, ma piuttosto fornire a se stessi un prezioso contributo per la comprensione della trama che si sta sviluppando nella sua esistenza. Una trama, non dimentichiamolo, fuori dalla quale non esiste possibilità di un vero incontro tra una persona adulta e un bambino.

Adesso torniamo alla valutazione delle vicenda di Giovanni annotando, particolare non trascurabile, che secondo gli insegnanti la sua inquietudine comincia in concomitanza con l'arrivo in classe, ad anno scolastico già inoltrato, di un bambino nuovo, figlio di persone che si erano appena trasferite da quelle parti.

Probabilmente nella testa di Giovanni si verifica una sorta di cortocircuito, come se si ripetesse la stessa situazione che aveva già avuto luogo con la nascita del fratellino, qualcosa di già visto. Anche allora la sua presenza era stata come oscurata dal nuovo arrivato. A partire da quell'episodio sfavorevole, Giovanni comincia a vedere gli intrusi, tutti gli intrusi, come il fumo negli occhi, perché modificano a suo danno le gerarchie vigenti. Li vive con particolare insofferenza, soprattutto se vanificano il suo bisogno di visibilità, di protagonismo, spostando le luci di scena dalla sua persona, che così perde lucentezza.

Possiamo immaginare di trovarci di fronte a un bambino perennemente a caccia di conferme, quindi incline a enfatizzare i propri comportamenti così da renderli visibili e catturare agevolmente l'attenzione degli adulti. In casi del genere, se il bambino ritiene che la sua aspirazione sia rimasta disattesa, dovremo aspettarci un incremento degli atti trasgressivi, un generale aumento del "frastuono" da lui prodotto.

Quando la sordità dell'ambiente circostante diviene la norma, le richieste tenderanno sempre più ad assumere la forma di comportamenti antisociali, scarsamente produttivi, anzi capaci di danneggiare sia il diretto interessato sia l'intero gruppo di cui è parte. Ne parleremo diffusamente nei prossimi capitoli, soffermandoci anche sui possibili rimedi che possiamo opporre a questo accenno di deriva antisociale, che proprio nelle fasi d'esordio può essere fronteggiata con maggiori probabilità di successo.

I genitori, proseguendo nel loro racconto, ci fanno sapere che Giovanni sembra quasi provare gusto ad essere sgridato. Il fatto è che per un bambino essere sgridato risulta sempre più gratificante che essere ignorato, soprattutto se dentro di lui si va affermando il dubbio di non essere importante per nessuno, sentimento in cui, come abbiamo cominciato a verificare, egli incappa con una certa frequenza.

Anche in questo caso non possiamo ignorare che neppure a noi adulti piace essere tenuti in scarsa considerazione: basta che una persona non ci saluti, perché magari in quel momento è distratta, che i nostri sentimenti cambino segno inclinando verso il "brutto stabile".

Il racconto dei genitori continua: «*Pochi mesi prima che nascesse il secondo figlio ci siamo trasferiti in un'altra provincia, a una trentina di chilometri dalla vecchia abitazione. Giovanni però frequentava da qualche mese l'asilo e noi, per evitare che interrompesse l'anno o che cambiasse compagni bruscamente, abbiamo deciso di lasciarlo presso la nonna paterna, che per i mesi mancanti alla fine dell'anno scolastico lo avrebbe accudito e accompagnato all'asilo tutte le mattine.*

Tutto questo è durato per cinque mesi, fino a quando Giovanni, che stava con noi nei fine settimana, si è rifiutato di tornare dalla nonna. Una domenica pomeriggio, qualche ora prima che ci mettessimo in automobile per riaccompagnarlo da lei, ci ha detto, con toni piuttosto accorati: "Per favore, non mandatemi più via". Da quella volta abbiamo deciso di tenerlo a casa con noi».

Chiunque legga con un filo di attenzione lo sviluppo di questa vicenda, può ricostruire con esattezza lo stato d'animo del bambino e, almeno nelle linee generali, la ragione del suo malessere, di quel comportamento così ostinatamente "vistoso", a partire dal quale prima la scuola e poi la famiglia si sono accorti che qualcosa non funzionava. Ed è proprio su questo passaggio che dobbiamo soffermare la nostra attenzione.

Un bambino scontento diventa una specie di radiotrasmittente che invia senza sosta segnali verso l'esterno, non coglierli per tempo significa metterlo nella condizione di dovere incrementare il volume. Più siamo sordi alle sue richieste, più lui agirà sulla manopola del volume sperando di potere attirare il nostro sguardo. Anche in questo caso non siamo troppo distanti dalle tecniche utilizzate da noi adulti quando riteniamo che le nostre comunicazioni non siano ascoltate o prese nel giusto verso dai destinatari.

Un'altra verità che salta subito all'occhio è che quel bambino non aveva bisogno di una terapia o della consulenza di uno specialista, egli cercava maggiore considerazione dal suo ambiente più prossimo, in particolare dai genitori e dagli insegnanti.

Da ognuno dei personaggi che popolavano il suo universo egli pretendeva una sorta di esclusiva. Quando le attese del bambino sono di questa natura, non è detto che debba trattarsi di un "capriccio".

Nel caso specifico l'esigenza era determinata con ogni probabilità dai sentimenti sperimentati in concomitanza con la nascita del fratellino, un evento di per se stesso complicato, almeno dal punto di vista di chi già è figlio. Al primo pugno nello stomaco, la nascita del fratellino, con tutti i dubbi sulla propria validità che questo aveva comportato per Giovanni, se n'era aggiunto un altro, davvero da k.o., ossia la decisione, di certo in buona fede ma improvvida, da parte dei genitori, di lasciarlo dalla nonna per cinque mesi, rinforzando in lui quella percezione di inutilità che già era seguita allo "spodestamento" da parte dell'ultimo arrivato. Annotiamo di passaggio che il nuovo ospite della classe di Giovanni era giunto, ad anno scolastico inoltrato, a seguito del trasferimento della sua famiglia. Esattamente il contrario di quanto era toccato a lui in circostanze analoghe, allorché i genitori avevano deciso che, malgrado il trasloco, egli non li avrebbe seguiti, ma sarebbe rimasto per qualche mese a casa della nonna.

Cinque mesi, in uno stato d'animo come quello di Giovanni, che dopo quasi quattro anni di luna di miele con i propri genitori si è visto collocare nella posizione più scomoda e periferica che potesse immaginare, devono essergli sembrati un'eternità. Anche per una questione di proporzioni, giacché cinque mesi rappresentavano una frazione considerevole della vita, appena iniziata, di quel bambino.

A partire da questo punto, Giovanni comincia a leggere la realtà in modo alterato ma, quel che è peggio, assumendo le sue valutazioni soggettive di partenza come una verità definitiva. Per questa ragione l'arrivo del nuovo compagno di classe diventa uno sgradevole imprevisto. Si riaprono le ferite aperte a suo tempo dall'arrivo del fratellino e dall'improvvido allontanamento dal nucleo familiare. Oggi come allora si scatena l'ansia di perdere quell'attenzione di cui, soprattutto dopo lo smacco subito nell'infanzia, è diventato vorace e insaziabile.

CAPITOLO QUINTO
DOV'È DIRETTO IL BAMBINO

Un bambino non si muove mai a casaccio, proprio mai, sebbene lui stesso non sempre conosca esattamente il luogo dov'è diretto. Una parte della sua interiorità gli è ignota, come accade per noi adulti.

Tuttavia, malgrado questa scarsa conoscenza della destinazione, il viaggio procede con notevole linearità, senza scarti logici o deviazioni inattese, come se una mano misteriosa ne governasse tutta la trama oppure come se un'invisibile calamita l'attirasse a sé.

In altre parole, sebbene si tenda a credere che un bambino sia troppo acerbo per avere un progetto compiuto, il suo modo di procedere, se osservato attentamente, ci dice il contrario e può fornirci gli indizi utilissimi per migliorare i nostri interventi educativi.

Per una sorta di limitazione percettiva, indotta dal paradigma *causalistico* che permea la scienza e la cultura in generale, anche noi educatori siamo inclini a ragionare in termini di "cause", ossia tendiamo a privilegiare solo ciò che riguarda le possibili origini del comportamento del nostro bambino. In altre parole ci preoccupiamo delle ragioni che possono avere preceduto un comportamento, ma badiamo poco a quelle che lo tengono in vita. Per essere ancora più chiari: *è comprensibile che in passato nostro figlio abbia trovato svantag-*

giosa per sé la nascita di un fratello, ma, se continua a utilizzare quella vicenda adesso che non è più attuale, ci dobbiamo chiedere quale risultato si prefigge di raggiungere, ossia da che parte sta cercando di andare.

Se non si comprende questo versante del percorso, quello, per cosi dire, "in avanti", diventa complicato articolare il nostro intervento. Se non sappiamo quale strada prenderà una persona, ci sarà quasi impossibile starle vicino. Nel caso del bambino, ci sarà molto più difficile educarlo.

A tutto ciò dobbiamo aggiungere una considerazione di evidenza solare. Noi non possiamo più intervenire sul passato. Se, poniamo, il problema si è innescato con la morte del nonno, a cui il bambino era particolarmente legato, non possiamo certo rovesciare la freccia del tempo, come accade nei film di fantascienza: tornare indietro e prevenire quell'evento oppure risuscitare il nonno un secondo dopo che se n'era andato. Sul passato possiamo operare interventi di rilettura, parziale oppure radicale, ma non possiamo modificarlo. Se l'educare fosse legato soltanto alla rivisitazione del passato e ai suoi tentativi di spiegazione, sarebbe una partita senza speranza. Se invece il passato ci induce a porci le domande giuste, allora riacquista un ruolo determinante e può esserci di grande aiuto nell'impostazione e nella correzione del cammino futuro del bambino.

La prima domanda giusta, a proposito degli eventi passati, potrebbe toccare le ragioni per le quali il bambino li ha interpretati in quella precisa maniera. La seconda potrebbe senza dubbio attenere all'uso che egli continua a farne nel presente e in prospettiva futura. Il punto, insomma, non sono i fatti ma il loro utilizzo soggettivo da parte del bambino, perché il modo in cui egli "lavora" sui fatti non è per nulla causale ma è intimamente collegato agli obiettivi che si prefigge di raggiungere.

Tuttavia c'è una ragione ancora più convincente per non separare passato e futuro. È la "continuità" dello stile di vita, la sua mirabile autocoerenza, capace di farci reperire similitudini, talvolta impressionanti, tra il significato di un remoto ricordo d'infanzia e una manifestazione attuale del carattere, quasi la persona non si fosse mai spostata dallo stesso binario sul quale aveva mosso i primi timidi passi nel mondo.

CARTELLI INDICATORI DA LEGGERE CON CURA

La tesi secondo cui il bambino è diretto verso una meta particolare può apparire piuttosto audace, ma presto ci renderemo conto che questa riserva è solo una delle tante che noi adulti manteniamo nei confronti del mondo dei minori. Tale riserva, come altre e come altri pregiudizi, dipende dalla nostra pigrizia, atteggiamento che a cascata genera una serie di altri disturbi nella nostra percezione dei minori e, quello che è peggio, deforma il nostro atteggiamento nei loro confronti. Quando ci si forma un convincimento errato tutte le mosse successive risultano esserne contaminate.

La vita di un bambino, il suo singolare modo di procedere, dovrebbero essere discretamente leggibili o perlomeno familiari per un educatore. Eppure noi sappiamo che solo raramente le cose stanno in questi termini ed è questa una delle ragioni, verosimilmente la più importante, per le quali i due universi talvolta tendono a perdersi di vista, ponendo le premesse per certe divaricazioni più drastiche che potrebbero manifestarsi più avanti, in particolare quando gli ex bambini saranno adolescenti. Gli scollamenti, che sembrano così specifici di quegli anni, di fatto partono da lontano.

L'adolescenza, infatti, non "accade" all'improvviso, come se a un tratto qualcuno accendesse uno specifico interruttore nel quadro di comando. Come ricordavamo poc'anzi, vi è forte continuità nelle fasi dello sviluppo, ma non solo. È tutto il corso dell'esistenza ad essere contrassegnato da una continuità che non si spezza mai, quindi le suddivisioni che introduciamo nel racconto della vita di un minore, come se fosse separata in cassette di sicurezza chiuse e non comunicanti, rappresentano solo espedienti che noi adulti mettiamo in atto nell'ansia di capire meglio la materia.

Come quando spezzettiamo in briciole una foglia per guardarla al microscopio, ne vediamo bene le fibre e le componenti infinitesime, perdendo però del tutto l'armonia presente nella sua interezza.

Se tale metodo di osservazione viene applicato alla vita del minore, il risultato non potrà che essere contrario a quello sperato, poiché così facendo perderemo di vista la trama del racconto e la sua lettura diventerà persino noiosa. Ci troveremo, in pratica, nella condizione di un individuo che legge un romanzo avvincente, ma per un difetto di memoria dimentica il contenuto delle pagine che precedono quella su cui è impegnato. Questa amnesia, ovviamente, finirebbe per farci smarrire tutto il senso della trama, per cui anche le previsioni relative al finale dell'opera risulterebbero piuttosto complicate da articolare. Anzi, sarebbero impossibili da formulare.

Se torniamo per un attimo al caso di Giovanni, trattato nel capitolo precedente, e ne seguiamo lo sviluppo dalla nascita del fratellino fino alle manifestazioni del disagio scolastico, ci apparirà in tutta la sua evidenza che si tratta di un cammino perfettamente lineare, di un racconto con un capo e una coda orientato verso un preciso finale. *La riaffermazione, attraverso comportamenti improduttivi, del bisogno di occupare una posizione privilegiata nello spazio intorno a sé, ripristinando lo stato di grazia che sperimentava tutti i giorni, prima della nascita del fratellino.*

In effetti, se ammettiamo che il minore è diretto da qualche parte, dobbiamo anche accettare l'idea che *i suoi comportamenti sono frecce che indicano la meta*, cartelli indicatori sui quali possiamo leggere le sue intenzioni.

Non stiamo articolando un discorso accademico girando attorno al cuore del problema. Tutt'altro. Il particolare di cui stiamo parlando è fondamentale per la comprensione dello stile di vita del bambino di cui siamo chiamati a occuparci. Comprendere significa leggere correttamente gli indizi, e nella *continuità dello stile di vita*, nella sua profonda coerenza, noi troviamo uno degli indizi più sorprendenti per realizzare questo scopo.

La verifica di questo principio non è difficile.

Se analizziamo i ricordi più remoti della vita di una persona e poi li mettiamo a confronto con i suoi comportamenti attuali, potremo renderci conto di quanto possano essere sorprendenti le similitudini tra il materiale remoto e quello recente. Vediamo un brevissimo esempio nella vicenda che segue.

AL RIPARO DAL GRANDE TIMORE

«Era venuta giù molta neve. La maestra ci aveva portato fuori nel cortile. Io sono caduto in una pozza ghiac-

ciata inzuppandomi. Mi sono dovuto togliere tutti i vestiti e sono rimasto in mutande e grembiulino per tutta la mattina, davanti ai miei compagni. Mi sono sentito molto a disagio, pensavo che mi stavano prendendo in giro per la mia incapacità».

Il motivo per il quale questa persona era venuta in terapia riguardava un fatto molto recente. La fidanzata, dopo alcuni anni passati insieme, lo aveva lasciato. Lui era caduto in uno stato di scoramento, aveva cominciato a disertare la compagnia degli amici e il lavoro, sottraendosi a ogni impegno sociale, poiché *temeva di essere deriso dagli altri*.

Due situazioni lontane 25 anni l'una dall'altra, ma con letture e reazioni molto simili.

In casi del genere possono prendere corpo risposte che, viste dall'esterno, appaiono esagerate, fuori misura, eppure è proprio da queste risposte che talvolta si aprono spiragli alla malattia. Nella vicenda di questo giovane, che conserva ancora l'animo del bambino caduto nella pozzanghera un quarto di secolo prima, la paura della derisione stava per assumere il connotato della patologia mentale.

Infatti quando il timore della derisione raggiunge certi eccessi, siamo portati a pensare che le persone intorno a noi coltivino un *disegno omogeneo e collettivo*, una specie di congiura di massa, come se tutti conoscessero il nostro grande segreto, la nostra insopportabile incapacità e si divertissero a riderci alle spalle.

Nelle manifestazioni di disagio del bambino e, più precisamente, nella correlata paura dei coetanei, noi troviamo spesso indizi di questa piccola costruzione dal vago sapore paranoico.

Se vogliamo un indizio di ciò che questo ex bambino

pensava (e continua a pensare) di se stesso, basta leggere un altro dei suoi ricordi d'infanzia.

«Giocavo con un mio compagno. È caduto per colpa mia picchiando la testa. Mi sono nascosto, avevo paura di avergli fatto male in modo grave».

Possiamo vedere quanto forte sia la convinzione di essere una persona incapace, inadatta e maldestra, un sentimento che lo getta nell'angoscia ogni volta che un qualunque episodio gli rammenta, anche solo vagamente, la propria presunta inettitudine, com'è accaduto quando la fidanzata se n'è andata.

In questo episodio infantile il primo istinto non è stato quello di soccorrere il compagno ferito, per il colpo alla testa, ma quello di mettersi al sicuro. È questo ciò che accade quando un bambino viene sopraffatto dalla grande angoscia dell'infanzia. Il terrore di non valere nulla e il terrore, ancora più grande, che qualcuno se ne possa accorgere e possa deridere il portatore di tale "morbo".

Torneremo subito su questo particolare poiché su di esso è incentrato l'intero senso di questo capitolo e forse dell'intero volume. Mi riferisco alle *idee sbagliate* che il bambino si costruisce su se stesso e ai mille modi in cui queste infrazioni agiscono nel suo rapporto con la vita, che spesso ne esce potentemente influenzato e piegato verso esiti poco gradevoli.

Ma se proseguiamo nella lettura dei primi ricordi dell'infanzia di questa persona le sorprese non mancheranno. Sorprese utilissime per noi adulti, perché ci daranno modo di assistere ad alcuni paradossi sui quali scivola la vita del bambino.

«Alle elementari la maestra mi metteva soggezione. Era poliomielitica e talvolta mi picchiava. Forse pensava che io la deridessi, ma io non lo avevo mai fatto».

Nel ricordo successivo possiamo trovare qualcosa di molto più interessante.

«A mia madre non lo avevo mai detto che la maestra mi picchiava, sebbene credo lei si accorgesse di qualcosa, dal momento che talvolta tornavo con le orecchie rosse e lei mi chiedeva come mai avessero quell'aspetto».

La ragione dell'omertà è comprensibile solo se la inseriamo nella "continuità" di cui si diceva poc'anzi. Sentendosi infatti una persona sbagliata, egli era certo che la madre non gli avrebbe mai creduto e che in ogni caso avrebbe dato la colpa a lui scagionando a priori la maestra. Lo stile di vita di questo bambino sta assumendo una conformazione definitiva, purtroppo però sta virando dalla parte sbagliata, influenzata da un convincimento di partenza erroneo ma non per questo meno nocivo.

Possiamo reperire una ulteriore esplicitazione del nostro ragionamento nel passaggio che segue.

«Mia madre mi ha iscritto a calcio, ma ero sempre in panchina. Sono entrato una sola volta, nel secondo tempo, un piccolo spezzone di partita. Mi sono trovato da solo davanti al portiere e ho sbagliato il tiro mandando fuori il pallone. È stata l'unica partita della mia vita, e per la verità mi era sembrato persino strano che l'allenatore mi avesse fatto entrare, sia pure per pochi minuti».

Questo è esattamente ciò che il bambino pensava di se stesso e, a partire da questo dato di incapacità, per lui assolutamente certo, sviluppava tutte le conseguenze.

Va da sé che quando un ragionamento è impostato su presupposti infondati, i suoi sviluppi seguono la medesima rotta e scelgono una destinazione sbagliata. Almeno in questo errore metodologico, adulti e minori si somigliano come gocce d'acqua.

UN RISCHIO SEMPRE IN AGGUATO

Dicevamo che un genitore, ma potrebbe valere anche per un insegnante, dovrebbe essere in grado di capire dov'è diretto un bambino. Questo non significa che un genitore debba per forza diventare un interprete impeccabile dello stile di vita di suo figlio, ma semplicemente che i suoi sforzi devono essere concentrati nel tentativo di capire la logica con cui questi muove i suoi passi. Perché una logica esiste sempre, anche quando a una prima distratta lettura essa potrebbe sfuggirci.

Nel precedente capitolo abbiamo visto come una vicenda del tutto ordinaria – ci riferiamo a quella di Giovanni – si sia complicata proprio per effetto di alcune sviste degli adulti, generate dalla scarsa propensione a cogliere le linee di sviluppo del comportamento del bambino, che presentavano una certa coerenza e quindi si rendevano riconoscibili.

In un caso del genere sarebbe bastato davvero poco per evitare quelle conseguenze che poi avrebbero condotto i protagonisti a fare ricorso all'aiuto dello psicoterapeuta.

Il proliferare del disagio nell'universo dei minori è frequentemente legato, come accade per molti incidenti automobilistici, ai colpi di sonno, alle distrazioni. Cause che si potrebbero rimuovere con piccoli accorgimenti. Il primo dei quali consiste, come si diceva nelle pagine precedenti, nel volgere lo sguardo dalla parte giusta.

Ci apparirebbe subito chiaro, se guardassimo dalla parte giusta, che la testa del bambino è colma di un pensiero prevalente: *è la certezza quasi assoluta di non essere adeguato ai compiti che egli deve affrontare.*

Se questo ci apparisse nella sua evidenza e noi lo assumessimo come un dato certo, il passo successivo sarebbe quello di domandarci se non è proprio il sentimento di inadeguatezza a organizzare il piano di vita del bambino, spingendolo a cercare incessantemente un modo per proteggersi.

Dunque, per capire da che parte è diretto il bambino, è necessario partire da tale sentimento di inadeguatezza e domandarci cosa faremmo noi al suo posto. Una domanda che non dovremmo mai mancare di porci, poiché il bambino non è un alieno, ma una creatura del tutto simile a noi adulti, con il vantaggio non piccolo di essere molto più diretto nelle sue manifestazioni, dunque più facilmente comprensibile. Naturalmente a patto che si abbia voglia di capirlo.

In qualsiasi gruppo umano che contenga un bambino, quest'ultimo rappresenta di sicuro il componente più fragile, sia dal punto di vista fisico sia dal punto di vista dell'esperienza. È una creatura in balia degli adulti, che possono disporne a piacimento, cosa che purtroppo spesso materializza abusi e sopraffazioni di ogni genere.

Dunque il bambino paga costantemente per la sua naturale fragilità in tutti i modi in cui è possibile pagare dei prezzi, ma in particolare è costretto a organizzare il suo modo di procedere psichico tenendo conto di questo dislivello. La sua progettualità e le sue mete denunciano costantemente la presenza di questo tarlo. Per questa ragione, ogni atto educativo che mortifica o scoraggia il bambino finisce per incrementare i suoi originari sentimenti di inadeguatezza accelerando in definitiva la sua discesa verso il basso.

CAPITOLO SESTO
TRAGUARDI RASSICURANTI

Il comportamento del bambino, lo abbiamo visto nel capitolo precedente, possiede dunque una destinazione precisa. Come un convoglio di cui si può conoscere la stazione di arrivo. La scelta della destinazione, però, può essere influenzata dalla scarsa considerazione che egli conserva di se stesso. Ossia: il bambino tenderà a dirigersi dove crede di trovare la risposta migliore alle sue difficoltà, ma se è vero che il giudizio di partenza può essere determinato da impressioni sbagliate, anche la meta rischia di rivelarsi inadatta alle reali potenzialità del minore.

Quindi il viaggio verso la destinazione è guidato dall'opinione che il bambino possiede di se stesso. Difficilmente un individuo stonato cercherà una scrittura come cantante lirico, sapendo benissimo che alla prima apparizione sarebbe coperto di fischi impietosi.

Tuttavia, la questione, nel caso del bambino non è così lineare come può esserlo per il mancato cantante lirico, poiché se una voce brutta o stonata è un fatto obiettivo e verificabile, nel caso della valutazione che il minore compie di se stesso la garanzia di obiettività è pressoché nulla. I suoi personali strumenti di valutazione, come abbiamo visto nelle pagine precedenti, sono molto influenzati dalla percezione di inadeguatezza. Non dimentichiamo che per anni, a partire dalla sua nascita, un bambino si muoverà in un mondo popolato di individui, gli adulti, più forti, robusti e competenti di lui. Sarà quindi naturale che questo modulo, dove lui è basso e gli altri sono alti, dove lui è piccolo e gli altri sono grandi, depositi nel suo animo una sorta di condizione esistenziale. A questo aggiungiamo che i primissimi cimenti sociali sono spesso segnati da naturali insuccessi, tipici di quando si entra per la prima volta in un nuovo ambiente oppure si affronta un'esperienza per la prima volta. I ricordi sull'infanzia sono costellati di insuccessi e difficoltà, come le prime cadute in bicicletta, la soggezione del primo giorno di scuola, la fatica di abbandonare la tutela dei genitori malgrado il desiderio di slanciarsi verso il mondo.

In generale il bambino tende a sentirsi incapace di risolvere i problemi della vita; per questa ragione, così è almeno in linea di principio, nei suoi modi di agire, nelle sue intenzioni e nei suoi pensieri si esprimono i tentativi messi in atto per evitare le situazioni che possono incrementare la sua insicurezza.

Ci troviamo, tuttavia, di fronte ad una descrizione piuttosto grossolana della logica che si intravede nel comportamento infantile, una logica soggetta alle trascrizioni individuali, specifiche di ogni singolo bambino, proprio quelle con cui deve poi misurarsi ogni singolo educatore.

Ma quello che abbiamo appena enunciato è semplicemente un *programma generale di autotutela*, che determina la direzione di marcia, il punto cardinale verso cui il bambino si muove. Come se fosse il titolo di un romanzo. Noi educatori sappiamo di non poterci accontentare di un titolo, giacché abbiamo bisogno di *capire la trama* per potere svolgere i nostri compiti, uno dei quali, forse il più importante, è quello di *impedire che il bambino utilizzi mezzi sbagliati per conseguire la sua meta di sicurezza*.

Non si tratta di esiti marginali, ma di una vera e propria emergenza educativa, innescata di solito da un'errata idea di partenza che il bambino si costruisce di se stesso. Se un architetto fondasse il percorso costruttivo partendo da un disegno sbagliato, edificherebbe una casa a rischio di crollo.

L'AMBIENTE CHE IMPREGNA

Ora, la ragione per la quale un minore si ritrova in mano un disegno che non corrisponde alla realtà, dipende dal modo in cui egli interpreta le circostanze che lo coinvolgono. Sembra un discorso lineare, persino scontato, ma forse qualcuno potrebbe domandarsi perché un bambino interpreti la realtà in un modo piuttosto che in un altro.

Una parte della risposta possiamo reperirla nei vissuti di inferiorità tipici dell'infanzia, di cui abbiamo appena detto, ma intanto incameriamo un altro indizio importante: il *bambino interpreta*. Ciò significa che la sua percezione non è il calco perfetto di quello che gli proviene dall'ambiente. Lo abbiamo già detto nelle battute iniziali di queste pagine.

Proprio l'ambiente rappresenta un grande contributore nella costruzione dello stile di vita. Gli stimoli che un bambino riceve in continuazione dal contesto in cui è immerso, lo impregnano in profondità, come fa con noi la pioggia quando ci sorprende allo scoperto, senza ombrello e senza possibilità di riparo.

Un essere umano di pochi mesi o anche di pochi anni non dispone certo di strumenti critici così affinati o comunque tali da mettere in discussione ciò che gli viene offerto dal mondo circostante, in particolare dai suoi educatori, che egli tende a considerare più di quanto essi stessi si attendono. Tuttavia, per quanto i meccanismi di valutazione non siano ancora perfettamente tarati, il minore annota, valuta e spesso arriva a ritenere che le sue conclusioni sono fondate e degne di essere applicate alla sua vita.

Se poi i messaggi che incrementano i sentimenti di inferiorità del bambino sono quotidiani e reiterati, egli tenderà ad assimilarli direttamente, così come sono, senza il disturbo di ulteriori mediazioni, come si trattasse di verità. Non è un caso che talune abitudini sociali negative trasmigrino di generazione in generazione con estrema facilità, proprio perché provengono dall'ambiente familiare, quello maggiormente a contatto col minore, quindi suscettibile più di altri di contaminarlo con le proprie modalità. Per un bambino, mettere in discussione le "verità" familiari è come per un adulto mettere in dubbio alcune verità religiose. Il contraccolpo è sempre grande, tenuto conto che il riferimento familiare è anche fonte di rassicurazione; proprio per questo, in caso di conflitto tra diverse valutazioni della realtà, il bambino tende a credere che il punto di vista corretto sia quello dei familiari.

Un mio paziente alcolista ci svela la semplicità di questo meccanismo di contagio.

«Tutti bevevano a casa mia, anche i nonni e gli zii, così da piccolo mi sembrava normale bere, ma dal momento che fino ad una certa età non mi veniva permesso, io scioglievo la liquirizia nella gazzosa, così si colorava e a me sembrava di bere il vino, come i grandi».

In questa caso il bambino rimane vittima proprio di una legittima inclinazione positiva, quella di somigliare ai grandi. Dunque, una spinta per se stessa evolutiva (volere essere come i grandi) si impiglia in un modello sbagliato e ne rimane condizionata, proprio perché fino a una certa età i modelli espressi dall'ambiente familiare sono assunti come "normali".

IL PESO DELLA SOGGETTIVITÀ

A questo punto possiamo rimarcare che, nel dare conto del ruolo svolto dall'ambiente, abbiamo introdotto, quasi senza accorgercene, una seconda componente ancora più determinante nel processo di costruzione dello stile di vita: *la soggettività del bambino*. Tale componente esercita una formidabile azione di "rilettura" sugli stimoli ambientali, in qualche modo li trasfigura. Ma se dell'ambiente e del peso che esercita sulle opinioni del bambino possiamo quasi misurare a braccio la portata, come sembra dimostrare il ricordo d'infanzia della persona alcolista, il grado di influenza della soggettività varia da persona a persona e da circostanza a circostanza, ragione per la quale è difficile stabilire con precisione l'esatto dosaggio di una componente (lo stimolo ambientale) e dell'altra (la valutazione soggettiva).

In moltissime circostanze, ad esempio, le impressioni del bambino, che certo non possono essere considerate modelli di obiettività, fanno quasi piazza pulita degli elementi oggettivi contenuti nel fatto concreto e determinano un'interpretazione povera di attendibilità, ma non per questo meno gravida di conseguenze sul percorso esistenziale del minore.

In altre parole, il bambino, corretta o meno che sia la sua interpretazione di un fatto, vi si conforma e sviluppa le necessarie conseguenze. È come se in una torrida giornata di luglio, una persona fosse convinta che fuori fa molto freddo e, in conseguenza di questa convinzione, sebbene completamente scollegata dalla realtà, decidesse di andare in giro col cappotto. Certo, potremmo obiettare, ma, una volta indossato il cappotto e scesa in strada, quella persona si accorgerebbe di morire dal caldo e prenderebbe in fretta delle contromisure. Ecco però un punto sul quale riflettere attentamente: *nella testa di un bambino le cose non funzionano così*, le sue convinzioni, obiettive o meno che siano, rimangono fissate con forza inimmaginabile, perché potenti sono le prime impressioni sulla vita, quando l'ambiente percettivo interno è quasi vergine. Per questo motivo talvolta la correzione dei suoi comportamenti può rivelarsi tanto difficile.

Quando un bambino, soggettivamente e senza prova alcuna, si convince di essere inadeguato, comincerà a comportarsi come se si trattasse di una verità, e non sarà facile fargli cambiare idea, soprattutto se, invece di trasmettergli incoraggiamenti convinti e mirati, i suoi educatori attaccheranno il suo sentimento di personalità, confermandogli così le sue convinzioni negative.

Due brevissimi ricordi d'infanzia possono aiutarci a capire quali accelerazioni possono imprimere ai sentimenti di inadeguatezza giudizi e atteggiamenti di adulti maldestri. Non è un caso che tali episodi siano stati conservati in bella evidenza dai protagonisti.

«In seconda elementare il maestro mi aveva scritto "scarso" sul quaderno. C'ero rimasta malissimo. Quel giudizio era legato al fatto che non ero intervenuta durante una discussione in classe, non ricordo se si trattava di Scienze o di Storia, ma io ero rimasta zitta solo perché ero timida e facevo molta fatica a parlare in pubblico».

Ancora una volta percepiamo la rabbia e il senso di ingiustizia che la bambina, tuttavia, non era in grado di esprimere allora, ma che si è portata dentro per tutti gli anni successivi, come una ferita aperta. Un contributo non piccolo alla crescita del sentimento di inadeguatezza nella protagonista.

Ecco un altro esempio di entrata fuori luogo e inferiorizzante.

«Alle elementari ero un bambino iperattivo. Per tre anni ho avuto una maestra dolcissima, di origine straniera, che mi aiutava molto a limitare i miei eccessi. Poi, in quarta, è arrivata un'altra maestra, schizzata e violenta. Un giorno si arrabbiò e mi disse che mi avrebbe mandato in una scuola differenziale. Negli anni passati con quella insegnante i miei problemi crebbero».

Questo bambino era entrato a scuola con una opinione di se stesso piuttosto bassa, i suoi sogni notturni di allora segnalavano questo timore.

«Sognavo di rimpicciolirmi sempre di più, e di vedere buoi nello spazio intorno a me. Scivolavo lontano nello spazio vuoto, senza reagire».

La convinzione di non poter emergere attraverso qualità intellettuali che sentiva di non possedere lo conduceva a cercare altre vie di emersione, socialmente sbagliate. Ma quando, con la prima insegnante, aveva sperimentato sentimenti di accoglienza e di comprensione, il suo rapporto con la scuola e con il gruppo sociale si era evoluto ed egli sentiva meno il bisogno di scagliarsi contro di essi, proprio perché non si limitavano a certificare le sue difficoltà. Del resto non si comprende perché mai un bambino dovrebbe cooperare col gruppo sociale e con le autorità che lo governano, se da esso si sente sistematicamente respinto.

Quello che stiamo solo sfiorando, peraltro, è un tema di estrema attualità, cui sovente diamo definizioni che ci tranquillizzano, perché dare un nome ai fenomeni perlomeno rasserena l'osservatore; *l'iperattività* e *il bullismo* rappresentano solo gli ultimi ospiti di questa galleria di nomi, ma proprio il percorso che abbiamo appena accennato ci propone chiavi di approfondimento che un educatore dovrebbe guardare con una certa simpatia.

OPINIONI PIÙ FORTI DELLA REALTÀ

Per il bambino di prima, circondato da figure parentali dedite al consumo di alcol, era difficile sottrarsi all'influsso della realtà. Nella circostanza sarebbe temerario affermare che egli abbia trasfigurato il dato ambientale, piegandolo alla propria soggettività.

Un altro bambino, posto di fronte ad una situazione ugualmente interessata dall'abuso di alcol, avrebbe potuto trarre considerazioni opposte, soprattutto se alla sua attenzione fossero risaltate componenti svalutative della cultura familiare, come accade nel racconto che segue.

«Mio padre beveva molto. Aveva iniziato quando gli hanno rubato la macchina, che per lui era fondamentale, in quanto faceva il rappresentante. L'assicuratore gli aveva fatto credere di averlo assicurato contro il furto, invece non era vero. Sperperava, si beveva tutto. Una volta al bar ha buttato sul bancone tutti i soldi che aveva in tasca. Io mi sono messo a piangere e i baristi gli hanno rimesso il danaro in tasca».

Due ambienti disturbati dall'abuso di alcol, due reazioni completamente diverse, ma entrambe solidamente ancorate a dati di realtà piuttosto verificabili.

Nel primo caso l'abuso di alcol proiettava delle forti connotazioni virilizzanti, e questo induceva il bambino a considerare l'accesso a quella pratica come un rinforzo della propria personalità; per tale ragione può apparire perfettamente logico che egli si sentisse sospinto verso comportamenti imitativi.

Nel secondo caso il vizio di bere era palesemente la conseguenza di una fragilità, di manifestazioni visibili di debolezza, il segno di una sconfitta umiliante, che non toccava solo il diretto interessato ma proiettava il marchio della vergogna su tutti i membri del nucleo familiare.

Si pensi alla circostanza in cui il bambino, piangendo davanti al personale del bar, assume su di sé la responsabilità di salvare le risorse familiari, surrogando in quel preciso istante il vuoto generato dalla inaffidabilità del padre, ubriaco e privo della forza necessaria per recitare il proprio ruolo.

Dicevamo che nei due episodi vi sono tracce di un contagio ambientale "obiettivo". Infatti le rielaborazioni dei bambini protagonisti non contengono pesanti trasfigurazioni, tanto che potremmo quasi pensare che, al loro posto, anche la maggior parte di noi si sarebbe comportata alla stessa maniera. Spesso, però, il dato interpretativo soppianta, in parte o completamente, quello che si coglie dalla realtà.

«Sono ultimo di cinque figli. Il più vecchio dei miei fratelli ha 46 anni, gli altri sono arrivati tutti a distanza di un anno o due. Io ho otto anni in meno del penultimo. Penso proprio di essere arrivato per caso».

Ciò che questo ex bambino non ci dice è che dietro il suo racconto si nasconde una conclusione che viene data per scontata, sebbene non vi sia alcuna certezza obiettiva di quanto egli pensa. Lui, a differenza dei fratelli, non è stato voluto. È questo il pensiero che sembra volerci trasferire. In effetti non è una sensazione piacevole quella cui si allude ma, come si diceva, non vi è alcuna certezza che l'andamento degli eventi corrisponda alla lettura che ne ha tratto il protagonista. È notevole, però (e in qualche modo tragico), che questa persona abbia vissuto la propria vita, a partire dall'infanzia, come se le sue interpretazioni corrispondessero perfettamente alla verità, giocando quasi sempre un ruolo coerente con i propri convincimenti. Il suo comandamento principale sembra quello di farsi accettare a tutti i costi dal prossimo, avere costantemente delle rassicurazioni sul proprio livello di gradimento. Così, sospinto da questo irrefrenabile bisogno di conferme, difficile da colmare o da smontare, aveva sposato una donna di cui si era stancato presto e che aveva fatto soffrire per molta parte delle durata del matrimonio. Il merito di questa donna era stato quello di averlo accolto senza riserve, facendolo sentire importante. Ma quando certi bisogni partono da un presupposto sbagliato, risultano per definizione "incolmabili", per cui, esaurito l'effetto stupefacente e legittimante del matrimonio, si ricomincia a cercare prove di gradimento, che invece di estinguere la sete la alimentano, in una spirale che si avvita sempre di più fino a diventare una trottola impazzita. Così come accade nelle dipendenze, il grande male che deforma la vita di molti esseri umani.

Un bambino può arrivare precocemente a simili conclusioni e accomodarsi nella spirale di cui sopra. Il compito dell'educatore qui può avere un ruolo determinante, può davvero segnare un destino. Forse questo può spaventarci, ma è un destino al quale non possiamo sottrarci, soprattutto perché è il bambino stesso che richiede il nostro aiuto.

CAPITOLO SETTIMO
LO SPAZIO RIVELATORE

Gli insegnanti della scuola primaria, considerato che vedono i bambini agire nel primo vero "teatro" sociale della loro vita (tale è la scuola), ricoprono una posizione ideale per capire la personalità profonda di un bambino.

Ovviamente deve trattarsi di insegnanti desiderosi di "vedere" ciò che segnala loro il bambino col proprio comportamento.

Se manca questa curiosità, condizione preliminare e indispensabile, non vedranno nulla e il lavoro che svolgono diventerà sempre più noioso e frustrante, quindi dannoso per loro e per il bambino.

Lo stesso principio vale ovviamente per i genitori. Quando educare diventa troppo faticoso oppure annoia, significa che qualcosa non funziona per il verso giusto.

In certi casi la disponibilità interiore dell'adulto è troppo limitata per tollerare la presenza del minore nella propria vita.

Se invece gli insegnanti possiedono uno spirito di osservazione appena allenato e un sufficiente grado di buona volontà, potranno godersi lo spettacolo da una posizione invidiabile, da una specie di palco di proscenio e da quell'angolo di visuale coglieranno particolari determinanti per la comprensione della trama che si dipana attraverso le manifestazioni di vita sociale del bambino.

Proprio l'irruzione delle relazioni interpersonali fa crescere decisamente le azioni dell'insegnante e, in genere, di tutti coloro che possono osservare il bambino in un contesto comunitario.

Da questa breve premessa possiamo intuire che stiamo mettendo i piedi sopra un terreno ricco di sorprese, la vita sociale del bambino, e a tale proposito stiamo per fare affermazioni molto impegnative, assolutamente verificabili, che ci apriranno ampie finestre sul mondo dei minori. Sarà bene precisare che quando usiamo il termine "verificabili", non intendiamo rimandare a complicate procedure sperimentali, da eseguire in un laboratorio dalle condizioni asettiche, ci riferiamo invece a situazioni quotidiane che si ripetono in continuazione davanti agli occhi dei genitori e degli educatori a qualsiasi titolo, e aspettano solo di essere notate dall'osservatore.

Spiegare ciò che abbiamo appena detto non è difficile, ma è necessario dare un ordine logico al ragionamento, in modo che alla fine ogni cosa trovi il proprio posto.

UNA SCOPERTA BANALE

Partiamo da due affermazioni di estrema semplicità, ma cariche di conseguenze fondamentali per la comprensione dei nostri bambini.

Questa è la prima: «Per poter determinare la posizione dei corpi, dobbiamo dunque valerci di ciò che chiamasi un sistema di riferimento. Al descrivere le posizioni degli oggetti e degli uomini in una città, le strade e le piazze costituiscono il sistema al quale noi le riferiamo».

Ecco la seconda: «Per comprendere ciò che avviene nell'anima umana, occorre appurare come l'individuo si comporti con i propri simili».

Sostanzialmente le due proposizioni sostengono la medesima tesi, cambia solo il terreno applicativo.

La prima è di Albert Einstein, uno dei massimi geni della fisica, la seconda è di Alfred Adler, uno dei più grandi e originali studiosi della mente, uno spirito anticipatore verso il quale tanti psicologi risultano in debito, sebbene in genere non sembrino avvedersene.

Nel caso dell'affermazione riguardante il mondo materiale, cioè quello di cui la fisica fa oggetto le sue ricerche, il linguaggio sembra essere un poco fuori moda, ma il concetto che cerca di trasmettere è piuttosto chiaro. Ci dice che se, ad esempio, vogliamo rintracciare un'abitazione oppure una persona in una qualsiasi città, è necessario sapere vicino a che cosa esse sono collocate. Una via o una piazza. Non basta sapere il nome della persona che stiamo cercando oppure la città in cui abita, ma dobbiamo avere dei riferimenti precisi, dobbiamo sapere che la sua casa è vicina a qualcosa.

Forse non c'era bisogno di scomodare un genio della scienza per accreditare un'affermazione del genere. Ma le cose non sono sempre così come appaiono, poiché quelle parole che ci sembrano così scontate contengono l'essenza stessa del principio che sostiene la teoria della relatività, la quale afferma che nulla può essere valutato e misurato se non lo poniamo in relazione a qualcosa. Nell'universo che ci circonda e ci sovrasta, nessuno dei fenomeni che vi si manifestano può essere compreso se non viene "inquadrato" nel suo sistema di riferimento.

Questa logica elementare ma affascinante che permea i fenomeni fisici, potrebbe apparirci lontana dall'argomento che stiamo affrontando: i bambini. Sennonché, quasi negli stessi anni in cui il fisico svizzero si accingeva a capovolgere il nostro modo di vedere il mondo, un medico e psicologo viennese stava per avviare una rivoluzione di pari portata nel campo della comprensione della persona e dunque dei bambini. Una rivoluzione che ancora oggi continua a provocarci con la sua originale vitalità, dopo avere permeato di sé l'intero percorso della psicologia, costretta ad aprire gli occhi sullo sfondo contro il quale si muove la mente dell'individuo, ossia il contesto sociale.

Alfred Adler, oltre ad essere uno scienziato geniale, era anche un uomo dotato di particolare sensibilità verso i propri simili, una vera passione che lo portava ad attaccare schemi consolidati per costruirne di nuovi, più funzionali agli interessi della persona. Fosse dipeso da lui, non avrebbe mai rinchiuso la psicologia tra le quattro mura degli studi di psicoterapia e di sicuro non l'avrebbe ammantata di quei rituali che talvolta la rendono così distante dalle persone comuni.

Questo straordinario uomo di scienza aveva capito molto bene il valore delle interazioni sociali, non solo come elemento costitutivo dello stile di vita, che secondo lui si definiva negli anni che precedono l'ingresso nella scuola elementare, ma soprattutto ne aveva colto il significato rivelatore. Infatti egli partiva da una constatazione simile a quella che Einstein utilizzava a proposito della collocazione dei corpi nello spazio e della loro rintracciabilità.

Il fondatore del sistema psicologico noto come *Psicologia Individuale* sosteneva che nessuno psicologo può comprendere il significato di un'esperienza umana se non la pone in relazione con il contesto sociale nel quale essa si svolge. In altre parole egli negava che si potesse conoscere veramente una persona, adulta o bambina che fosse, se non la si considerava all'interno delle sue relazioni. La vita sociale come reagente chimico, un'intuizione rivoluzionaria che ha permesso stabilire tra l'uomo e il suo ambiente sociale lo stesso legame che esiste tra la luna e le maree.

Di questo, ma non solo di questo, nessuno si è mai ricordato di ringraziare Alfred Adler.

Del resto, se teniamo una macchina perennemente nel garage non potremo mai conoscere le sue caratteristiche, al massimo potremo sapere di che colore è la vernice della carrozzeria, ma nulla potremo valutare della sua velocità, della sua potenza, della sua stabilità. Insomma, un conto è aprire il cofano e guardarvi dentro mentre la macchina è ferma, altro è metterla in marcia in mezzo alle altre macchine. Solo così avremo una visione completa delle sue qualità.

Per l'economia del nostro discorso, ciò significa che un bambino, preso isolatamente, quand'anche lo tenessimo sotto osservazione in maniera costante, ci risulterebbe scarsamente comprensibile, mentre lo stesso bambino, collocato in mezzo ad altri bambini, ci rivelerebbe con una certa precisione il suo mondo interiore, come se lo proiettasse su uno schermo rendendolo visibile a tutti. Lo schermo è la vita sociale, che raccoglie gli stimoli luminosi che partono dal bambino, dalla persona e li restituisce in forma di immagine.

Anche questo postulato, come quello enunciato da Einstein, può apparire banale, ma i grandi progressi dell'umanità sono quasi sempre partiti dalla capacità di qualcuno di porsi domande banali. Come sosteneva Edgar Allan Poe in un breve racconto, ci vuole un intelletto superiore per trovare ciò che abbiamo sotto gli occhi.

Fino a quel momento nessuno era stato tanto audace quanto Alfred Adler, che per queste fughe verso il sociale avrebbe visto compromesso il sodalizio con Sigmund Freud. Qualcuno dice che sarebbe bastato un poco di buona volontà reciproca per andare d'accordo, in realtà le loro posizioni erano inconciliabili.

Entrambi condividevano l'opinione, del tutto nuova per i tempi, che la malattia psicologica non fosse necessariamente il frutto di una lesione "fisica" del cervello, ma poteva dipendere da eventi emozionali, da percezioni soggettive. Ciò li contrapponeva alla medicina ufficiale del tempo, estremamente organicistica, cioè portata a giustificare ogni malattia con la presenza di una lesione nel corpo. Nel caso delle malattie psicologiche, ovviamente, la sede della lesione doveva essere il cervello, ma noi sappiamo che quei due grandi pionieri avevano ragione. Anche quella scoperta, vista con gli occhi smaliziati di oggi, potrebbe apparire non troppo geniale, ma la verità è che solo ad alcune persone viene in mente di domandarsi come mai una mela cade verso il basso e non scappa verso il cielo.

Ognuno di noi conosce questa legge dell'esperienza umana. Si può essere d'accordo su dove non si vuole andare, ma non per questo si è propensi ad andare dalla stessa parte.

Accadde così per Sigmund Freud e Alfred Adler. Come tanti altri sodalizi, il percorso di questi due grandissimi studiosi della mente durò fino a quando condivisero l'avversione per qualcosa, ma naufragò in modo inesorabile allorché si trattò di articolare una nuova teoria del disagio psicologico.

Si diceva, al tempo, che per capire la persona bisognava guardare dentro il suo cervello e cercare di svelarne i misteri, sia pure rigettando gli eccessi organicisti; anche Freud la pensava così. Egli non cessò mai di cercare le basi organiche della mente, il prodotto più evoluto del lavoro del cervello, e questo fa di lui, genitore di tante cose, anche uno dei padri delle moderne neuroscienze.

Alfred Adler invece, che pure non era insensibile a queste poderose spinte di progresso, era tuttavia affascinato soprattutto dal contesto in cui la persona si muoveva, dal ruolo che i rapporti sociali ricoprivano nello sviluppo della personalità, in un intreccio inestricabile dove la persona e l'ambiente si modellavano a vicenda.

Quelle che lui chiama *"Vie di accesso alla vita mentale"*, cioè la Costellazione Familiare, i Primi Ricordi e i Sogni, rappresentano un originale, ma soprattutto incredibilmente fecondo, tentativo di *comprensione per via sociale* della personalità profonda dell'individuo.

L'analisi della Costellazione Familiare mira a mettere a fuoco le dinamiche vigenti nel primo sistema di riferimento sociale del bambino: la sua famiglia. Ciò che accade in quel piccolo universo viene considerato altamente rivelatore del mondo interiore dei vari personaggi che ne facevano parte.

L'analisi dei Primi Ricordi offre la possibilità di capire come il bambino si collocava, soggettivamente, agli esordi della vita sociale, rispetto al prossimo. Ciò fornisce informazioni piuttosto precise sullo stile di vita dell'individuo, giacché la sua collocazione dipende da ciò che egli pensa di se stesso e del mondo circostante.

L'analisi dei Sogni, infine, ci mette nella condizione di vedere in azione i movimenti della personalità profonda dell'individuo che, durante il sonno, attraverso tentativi "a vuoto", come in una partita di allenamento, compie dei sondaggi sulla realtà misurandone l'impatto sulle proprie emozioni e sulla propria vita. Una galleria del vento in cui si mette a punto l'aerodinamica della propria vita interiore.

Proprio alla luce di questo percorso e con l'ausilio di ragionamenti di rara efficacia, Alfred Adler affermava che, se si fa agire un qualsiasi individuo, quindi anche un bambino, vicino ad altri individui, il suo modo di muoversi comincerà a rivelarci la sua natura profonda.

Ovviamente Adler non escludeva affatto altre vie di accesso alla vita mentale, però ci offriva un metodo semplice e geniale per arrivare alla comprensione dello stile di vita dell'individuo senza avvalersi di microscopi, di coloranti per i neuroni o di mezzi di contrasto. Esattamente tutto l'armamentario di cui gli educatori non possono disporre nella loro attività quotidiana. Egli spostava così, senza rinunciare a un briciolo di scientificità, la psicologia verso i suoi interlocutori naturali, i cittadini, mettendo direttamente nelle loro mani efficaci strumenti di comprensione del comportamento umano.

Vedremo adesso quanto questo spostamento di prospettiva possa rivelarsi ricco di promesse per la comprensione dei nostri bambini, ma soprattutto accessibile a tutti gli educatori.

IL SISTEMA DI RIFERIMENTO

Per mostrare come, per l'inquadramento del bambino attraverso le relazioni sociali, sia utile la sua comprensione, valutiamo un caso in cui la legge della vita sociale, date le circostanze eccezionali che entrano in gioco, dovrebbe risultare di difficile applicazione.

Parliamo di un bambino di cinque anni, gravemente cerebroleso, inserito in una scuola materna. Le sue maestre lamentano la propria quasi totale impossibilità di intervento, sebbene il bambino, che pure sembra vivere in un mondo a parte rispetto ai compagni di sezione, mostri di avere una qualche relazione proprio con le insegnanti.

La strategia di intervento è pressoché inesistente, l'ambiente scolastico è rassegnato all'idea che non possano darsi stimoli mirati e correzioni.

Le insegnanti riferiscono che il bambino è sottoposto a delle sedute riabilitative tre volte la settimana, in quelle circostanze viene prelevato da scuola dagli operatori del centro specialistico cui è in carico.

Le maestre affermano di non conoscere l'entità del danno cerebrale, che comunque è molto serio, poiché nessun tecnico è mai entrato in contatto con loro per "spiegare". Si dicono comunque certe che l'intervento riabilitativo, oramai in atto da alcuni anni, non abbia prodotto effetti apprezzabili. Lo si desumerebbe dal fatto che il comportamento del bambino, in particolare quello relativo al rapporto coi compagni, segnato da continui evitamenti, non sia per nulla mutato in due anni e mezzo di scuola materna.

È evidente che il danno cerebrale del bambino è da considerarsi fuori dalla portata delle competenze della psicologia, tuttavia attraverso questa disciplina è possibile correggere alcune inclinazioni dello stile di vita del bambino anche in circostanze particolarmente sfavorevoli.

Avevo preventivamente chiesto alle insegnanti se gli operatori del centro che seguiva il bambino fossero mai venuti ad osservarlo durante le ore in cui egli stava a scuola. La risposta era stata negativa. Non era mai accaduto.

Le insegnanti però potevano osservare, essendo loro a contatto diretto e continuativo con il minore, ma soprattutto potevano farlo in una situazione ideale, ossia all'interno di un *sistema sociale di riferimento*.

Chiesi allora alle stesse maestre di scegliere un giorno a caso e di osservare sistematicamente il comportamento del bambino durante tutto il tempo in cui lo avevano sotto gli occhi a scuola. I dati emersi dall'osservazione sono quelli che ci si poteva più o meno aspettare, ma adesso proveremo a proiettarli contro lo sfondo della vita sociale tentando di dare loro un significato.

Come detto in altre parti del libro, ogni bambino persegue uno scopo. Qualsiasi bambino, dunque anche quello di cui ci stiamo occupando. Malgrado le sue menomazioni. Nelle pagine precedenti abbiamo anche ricordato che tale scopo mira all'autotutela, cioè alla salvaguardia della propria sicurezza.

Una possibilità, il perseguimento di uno scopo, non tenuta in grande conto dalle insegnanti. Tuttavia ciò è comprensibile se consideriamo che, già in condizioni normali, gli adulti tendono a rifiutare una lettura strategica, cioè progettuale, del comportamento del bambino. Infatti, nella valutazione comune, egli è ritenuto troppo acerbo per sapere da che parte andare, e proprio per questo avrebbe bisogno della guida degli adulti.

Ora, non c'è dubbio che il bambino abbia bisogno della guida degli adulti, ma certamente non perché sia privo di una meta, semmai perché la sua meta può essere sbagliata. Comunque, in genere siamo portati a ritenere che il bambino si muova a casaccio, e per questa ragione parliamo di *capricci* anche quando il comportamento dei minori ci dovrebbe indurre a una maggiore prudenza, poiché magari ci sta comunicando qualcosa di importante.

Ma torniamo al nostro bambino. L'osservazione da parte delle maestre si è completata. Abbiamo la conferma che il piccolo non gioca mai con i compagni, come se ne avesse paura; egli infatti passa quasi tutto il tempo da solo in uno spazio appositamente attrezzato per lui, pieno zeppo di giocattoli di gomma, e la sua occupazione è quella di afferrarli e di lanciarli lontano. Talvolta esce dal suo spazio, si avvia verso le maestre e si arrampica su uno dei minuscoli banchi presenti nell'aula e rimane lì ad aspettare che una di loro lo tiri giù, poiché non sembra capace di scendere autonomamente.

Teniamo conto che il bambino è figlio unico, molto coccolato da genitori e nonni, decisamente iperprotetto e schermato da qualsiasi frustrazione. Le insegnanti riferiscono che soprattutto i nonni lo viziano, consentendogli cose che in genere non si dovrebbero concedere.

IL PROSSIMO CHE CI SVELA

Sembrerebbe una situazione scontata e chiusa. Un bambino con ridotte capacità cerebrali in balia di un comportamento privo di senso.

Un quadro povero di appigli per un educatore.

Invece sotto quella coltre di silenzio vi sono chiari segnali di vita e si intravede una logica coerente che, al contatto con il contesto sociale, prende forma e si palesa.

Sappiamo che il bambino rifiuta di giocare con gli altri compagni.

Un comportamento costante difficilmente può essere definito casuale. Non possiamo pensare che il bambino sia rinchiuso in se stesso e rifiuti le interazioni sociali, poiché con le maestre intreccia volentieri qualche scambio, per non parlare della grande disinvoltura che possiede nella relazione con i nonni, dai quali, così dicono i nostri testimoni, *«riesce a ottenere tutto ciò che vuole»*. Dunque le difficoltà di interazione sono selettive, legate al mondo dei coetanei.

I bambini, a differenza degli adulti, sono poco propensi a concedere ogni cosa pacificamente. Non si viziano tra di loro. Evidentemente Francesco, un nome di fantasia, abituato ai ricchissimi bonus in continuazione ricevuti dagli adulti che gli si muovono intorno, trova poco vantaggioso il rapporto con i suoi coetanei, i quali solitamente non credono di dovergli accordare privilegi senza precise ragioni o meriti particolari.

A questo dobbiamo aggiungere che Francesco, verosimilmente, percepisce piuttosto bene la propria "diversità", il salto di competenze tra sé e gli altri bambini, perciò teme il collaudo sociale allargato e privo di tutele, tutele che invece sono presenti nel rapporto con gli adulti.

A riprova del fatto che questo bambino è mosso da una precisa strategia autoprotettiva e che egli è in grado di piegare ai propri bisogni le relazioni sociali, come accade ad ogni minore viziato, analizziamo un particolare senza grande significato apparente. Le maestre, come si ricorderà, avevano riferito che Francesco usava arrampicarsi su un banchetto da cui non riusciva poi a scendere. Di solito in questi casi, apprendiamo sempre dalle maestre, una di loro si "precipitava" a tirare giù il bambino da quella posizione pericolosa, per evitare che si ferisse.

Questo comportamento metteva in apprensione le insegnanti, soprattutto perché il bambino tendeva a reiterarlo con frequenza e non c'era modo di farglielo modificare. Avevo chiesto alle insegnanti di non soccorrere il bambino quando si metteva volontariamente in quella situazione. In un primo tempo la risposta era stata dubbiosa: «*Ma lui non è in grado di scendere, potrebbe restare per delle ore ad aspettare. Forse si spaventerebbe o addirittura potrebbe farsi male nel tentativo di scendere da solo*».

Replicai che, con gli opportuni controlli, si poteva

procedere senza pericolo. Così l'esperimento fu tentato.

Si trattava, principio correttivo che vale per ogni bambino, di creare una *conseguenza svantaggiosa*. Non di una ritorsione dell'adulto né tantomeno di una risposta vendicativa, ma semplicemente di fare sperimentare al bambino le conseguenze delle proprie azioni. Fino a quando un bambino non registra degli svantaggi in conseguenza di una propria azione, fosse anche la più dannosa, egli tenderà a ripeterla.

Il giorno dell'esperimento Francesco passò alcune ore sul tavolino, nella quasi indifferenza delle insegnanti, che comunque controllavano con cura l'evoluzione degli eventi. Nei giorni successivi, a fronte della fermezza delle insegnanti, quel comportamento si diradò fino a estinguersi. Ora il bambino non poteva più manovrare a piacimento le ansie delle maestre; in compenso, però, poteva inventarsi un modo personale per scendere dal banco. Nell'uno e nell'altro caso ci saremmo trovati di fronte ad un progresso.

È evidente che il bambino aveva trovato una maniera per trattare le insegnanti come trattava i nonni, sottomettendoli alla propria volontà, ed è pure evidente che la passività dell'ambiente (che finiva per svantaggiare proprio Francesco, privandolo di un vero apporto educativo) partiva dal presupposto che un bambino così particolare al massimo fa piccoli capricci e si muove a casaccio. Invece, analizzando il modo in cui articolava le sue relazioni sociali, abbiamo potuto apprezzare che il suo comportamento era orientato verso uno scopo preciso: privilegiare le interazioni che poteva tenere sotto controllo, quelle che non enfatizzavano la sua percezione di inadeguatezza facendolo precipitare nell'angoscia. Una meta di sicurezza, la stessa che persegue ogni essere umano.

Anche una semplice constatazione come questa può rimettere in gioco tutto l'umano che in certe situazioni saremmo portati a considerare disperso oppure assente, ma che invece è solo nascosto dietro la paura, peraltro naturale in un bambino che sente di possedere un bagaglio di abilità troppo diverso da quello posseduto dalle altre creature con cui si deve misurare.

Nessuno di noi accetterebbe di partecipare ad una qualsiasi competizione sapendo in anticipo che le speranze di affermazione sono nulle. Francesco in questo, ma non solo in questo, ci somiglia e diventa un bambino con i medesimi diritti degli altri bambini, depositario di una pretesa educativa che non possiamo negargli.

Si tratta solo di trovare la porta d'ingresso al suo edificio silenzioso ma sicuramente popolato dalle stesse aspirazioni che animano la vita di ognuno di noi. La differenza tra lui e gli altri bambini consiste nella modalità con cui i bisogni vengono espressi.

Abbiamo potuto apprezzare come la lettura della vita sociale di un qualsiasi bambino, quali che siano la sua intelligenza e il suo grado di integrità psichica e fisica, ci mette nelle condizioni di svelare i suoi finalismi, le sue inclinazioni. Questo, indubbiamente, aiuta il nostro compito di educatori, poiché ci offre la possibilità di sintonizzare il nostro intervento calibrandolo sulla situazione effettiva dell'educando, evitandoci così di cadere nelle sgradevoli spire del "tirare a indovinare", una modalità di intervento approssimativa i cui limiti è proprio il bambino ad avvertire per primo.

Vediamo adesso di decodificare ancora meglio la messe di comunicazioni che giungono dai minori e, nel contempo, di concludere il percorso tentando di migliorare la nostra capacità di articolare risposte non casuali.

CAPITOLO OTTAVO
L'INTERVENTO CONSAPEVOLE

La consapevolezza della meta verso cui è diretto il bambino non è sufficiente a risolvere le questioni che il nostro ruolo ci mette di fronte. Di certo però rende il nostro lavoro meno aspro aprendoci possibilità di intervento più ampie e qualitativamente migliori. Ci mette nella condizione di "viaggiare" avendo in mano una mappa meno approssimativa della testa del bambino. Si potrebbe obiettare che la mappa e il territorio possono non coincidere, tuttavia tentare di disegnarla e di metterla sotto verifica è certamente meglio che muoversi alla cieca.

Questo vale per la fase "preventiva" della nostra funzione, quella della "proposta". Vale soprattutto per la fase "correttiva", quando siamo chiamati a favorire mutamenti di rotta nel comportamento di un bambino che sta dirigendosi dalla parte sbagliata, oppure sta andando dalla parte giusta utilizzando mezzi inappropriati.

Un caso tipico e piuttosto frequente, sul quale ci soffermeremo in questo capitolo, riguarda *la diffusa inclinazione dei bambini a utilizzare la fragilità come strumento di dominio sull'ambiente o comunque come espediente per ricavare vantaggi attraverso comportamenti fraudolenti*.

Come accade per noi adulti, anche i bambini sono piuttosto abili a sfruttare le circostanze suscettibili di incrementare i loro vantaggi, in particolare conoscono alla perfezione il segreto per fare diventare redditizio tutto ciò che promana dalla loro naturale fragilità.

Tale strategia, dal punto di vista del bambino, può comportare guadagni considerevoli, tuttavia, se egli riesce a imporre i "diritti della debolezza", senza che i suoi educatori riescano a porvi rimedio, tale abitudine diverrà costitutiva del suo stile di vita e determinerà conseguenze negative a cascata; poiché, quando si afferma un modo errato e antisociale di approccio ai problemi della vita, la macchina si rivolta contro chi la conduce. Questo genere di espedienti apre la porta a una serie di rotture sociali che faranno molto male prima al bambino che ne fa abuso e poi all'adulto che ne emergerà.

In questi casi, proprio perché si tratta di sfoggio di debolezza, che di norma tende a determinare movimenti di solidarietà verso la "vittima", agli educatori potrebbe sfuggire l'urgenza di un intervento correttivo, lasciando improvvidamente al bambino la possibilità di affinare sempre di più la "tecnica" e di assimilarla definitivamente tra le proprie armi di dominio.

IL BAMBINO AL VOLANTE

Giulia è una bambina di 10 anni molto sveglia, tanto da tenere agevolmente al guinzaglio due genitori deliziosi, ma forse troppo disponibili.

I genitori la descrivono in modo preciso.

«Nostra figlia è decisamente vittimista, si lamenta sempre. Anche da piccola piangeva sempre, persino se il nastrino dei capelli non era legato come diceva lei».

Pongo alcune domande ai genitori, proprio per indagare la vita sociale di Giulia, la cui qualità, come abbiamo visto nei precedenti capitoli, può fornirci indizi utilissimi sulle strategie della bambina.

Apprendo che i rapporti sociali sono molto buoni, che la figlia frequenta regolarmente amiche e amici, inoltre mi informano che è bene inserita nella squadra di pallavolo femminile e il rendimento scolastico è piuttosto alto. Sono ottimi indizi riguardo alla salute mentale della bambina, una vita sociale così "normale" non può essere inventata a comando, soprattutto da un minore. Un bambino non è in grado di simulare una normalità che non c'è. E se lo fosse sarebbe un genio.

Le buone disposizioni alle relazioni con i coetanei e la diligente applicazione nei compiti vitali (in questo caso la scuola e le amicizie) ci forniscono un dato importante: Giulia percepisce piuttosto bene che la riproduzione pubblica dei suoi comportamenti domestici darebbe luogo a sicuri svantaggi nel rapporto col prossimo. È improbabile infatti che atteggiamenti così stravaganti possano attirare consenso da parte del gruppo dei pari, piuttosto restio all'indulgenza quando uno dei suoi membri cerca di imporre le proprie ragioni a scapito di quelle del prossimo.

Un'altra informazione che ci arriva dai genitori riguarda l'ordine di nascita di Giulia, primogenita, con una sorellina di sei anni, appena entrata in prima elementare.

Se valutiamo le informazioni che ci sono state fornite dai genitori salta ai nostri occhi che Giulia sembra avere due vite parallele, come se recitasse nello stesso tempo in due commedie dalla trama piuttosto dissimile.

Fuori dalle mura domestiche tutto sembra andare a meraviglia, mentre all'interno della piccola comunità familiare scatta il vittimismo e quelli che i genitori definiscono "comportamenti strani".

Un bambino possiede una sola strategia, ma può trovare opportuno diversificare le tattiche, adeguandole alle circostanze. Se egli persegue un fine di dominio, come in questo caso appare evidente, utilizzerà strumenti adeguati alle varie situazioni in cui si troverà ad operare per giungere al risultato sperato.

Dopo un colloquio con i genitori, vedo la bambina, anche per escludere con maggiore sicurezza la presenza di indizi patologici.

Mi trovo di fronte una personcina sveglia e portata al dominio, con venature di teatralità che appaiono già dalle prime parole. Trascrivo alcune brevi note del primo colloquio per il loro valore didattico. Potremo notare come Giulia, posta di fronte ad una persona meno indulgente dei genitori, abbia finito per smascherare spontaneamente la propria finzione, raccontandoci la trama tortuosa in cui si è avviata e dalla quale vorrebbe uscire. Forse perché oramai si rende conto di quanto sia dispendioso recitare una parte così impegnativa.

«Non so cosa fare. Lei è la mia ultima speranza. Da quando ero in seconda elementare mi succede una cosa che non capisco. Una mattina mi sono svegliata con degli strani pensieri. Forse ero stressata perché i miei compagni mi prendevano in giro o forse la causa non la conosco nemmeno. Forse sto diventando pazza.

Penso, ad esempio, che i miei genitori non siano quelli veri, che sono prigionieri nell'armadio della camera degli impostori. Penso che questa non sia la mia "dimensione", io provengo da un'altra, dove le cose sono uguali a questa. Penso che un'altra anima sostituirà la mia nel mio corpo».

Sembra un discorso strampalato, lo stesso che di solito utilizza per esercitare le sue pressioni sui genitori. L'espressione dello psicologo però, sebbene comprensiva, non promette nulla di buono. Giulia comprende da sola che fuori dalla cerchia familiare, che tiene agevolmente sotto scacco, quella trama non regge. D'altro canto, questo è già evidente dalla qualità della sua vita sociale, dove la protagonista si guarda bene dal cadere nella tentazione di usare gli strumenti di dominio di cui fa largo uso con i familiari.

Un aspetto di ciò che leggeremo nelle prossime righe suscita una certa impressione. La bambina ha il controllo assoluto della situazione domestica e forse proprio questo eccesso di dominio intellettuale ed emotivo la mette in una condizione di angoscia. Come se avesse bisogno di una guida e non la sentisse intorno a sé. Uno dei sentimenti che prendono possesso dell'animo del bambino quando la coppia dei genitori risulta troppo fragile ai suoi occhi, è proprio la paura di non potere contare su una protezione in caso di bisogno. Può accadere allora, come nel caso di Giulia, che cominci a mettere alla prova sia la madre che il padre, per sondarne la fibra, nella speranza che a un certo punto essi riescano a prendere in mano la guida delle operazioni, dimostrando che esiste un'autorità su cui gettare i propri fardelli.

Giulia si sentiva quasi costretta a farsi genitore di se stessa, ad amministrare un potere troppo grande per le sue risorse. Questo la spaventava e la induceva a cercare risposte forti da parte di mamma e papà.

Una volta percepito che lo psicologo non intende lasciarle la guida delle operazioni, la bambina comincia a mettere le sue sofisticate carte in tavola.

«Penso che Gesù muore e che esiste un solo modo

per salvarlo. Che io versi una lacrima e mi dispiaccia per quello che ho fatto».

È piena di sensi di colpa per l'inganno a cui sottopone i propri genitori, facendoli stare male. Ora cerca una via d'uscita onorevole.

«Vedo i film col bollino rosso. Forse non dovrei farlo. Forse le mie sono tutte fesserie, magari non mi piace studiare».

Il muro comincia a sgretolarsi. I genitori sono troppo deboli per correggerla e lei fa quello che vuole, ma percepisce che per questa via rischia di procurarsi dei danni. Sembra voglia dirci che è difficile studiare se si deve fare affidamento esclusivamente sulla propria volontà, se non c'è una guida cui fare riferimento. È quasi come chiedere a un bambino di farsi la puntura da solo, mettendogli la vita nelle mani.

Questa ultima annotazione, però, non ci deve trarre in inganno. Il bambino lasciato a se stesso non è dispiaciuto per l'eccesso di libertà che ne deriva, piuttosto non sopporta l'allusione sottostante, quella di non avere abbastanza valore per i genitori, oltre a temere che senza guide affidabili potrebbe trovarsi smarrito.

Se i genitori non si occupano del figlio, anche attraverso prescrizioni, questi può vivere tale atteggiamento come il segno di un disinteresse. Tale sensazione si può accentuare se, poniamo, un bambino prova sentimenti di gelosia verso un fratello.

Nel caso di Giulia queste circostanze sembrano ricorrere, e determinano conseguenze un poco depressive sulla bambina, che sente di non valere quanto vorrebbe e per tale ragione inizia a perseguire in maniera distorta fini di elevazione compensatoria.

Nelle poche sedute che seguono, le aspirazioni frustrate di questa bambina e i tentativi maldestri di porre rimedio assumono un ruolo centrale. Ma soprattutto prendono corpo le risposte dei genitori, che tentano di riempire quella frustrazione, il piccolo male di vivere di quella bambina, in modo quantitativo. Ottenendo l'effetto contrario.

«Forse non ti ho detto tutta la verità. Volevo una vita avventurosa, desideravo essere come gli eroi dei film, dei cartoni animati. Invece, eccomi qui.

Ma in queste settimane ho pensato e forse ho capito cosa mi sta accadendo davvero. Io sono abituata ad avere tutto quello che desidero. Non sono abituata a sentirmi dire di no. Così, quando mi dicono di no, quando mi negano qualcosa, io comincio a ricattare con questi comportamenti. Purtroppo. Qualche volta facevo finta di avere dei tic, assumevo strane posizioni con le spalle, cercavo di spingere i miei genitori a preoccuparsi».

La riflessione di Giulia, una bambina di quarta elementare, volge al termine e acquista senso compiuto.

«Dovrò abituarmi a non avere tutto, a essere trattata normalmente. Magari come mia sorella».

L'ultima volta che ho visto Giulia le ho posto una domanda precisa: *«Credi che i tuoi genitori abbiano bisogno che tu ti comporti così per amarti?».* Giulia non ha esitazioni: *«No, però non voglio ammetterlo perché mi piace fare quello che voglio e così ci riesco bene».*

SVELARE PER CORREGGERE

La vicenda di Giulia possiede tutto ciò che ci serve per impiantare il nostro ragionamento sulla correzione.

Partiamo dalla risposta che la bambina fornisce alla

mia domanda. Lei sa benissimo che il modo che ha scelto per procacciarsi dei vantaggi è sbagliato e possiede un certa quantità di controindicazioni. Funziona più o meno come un dispositivo altamente inquinante, come un'automobile che per compiere un tragitto di dieci metri avvelena un paio di passanti, una quantità imprecisata di animali e distrugge un ettaro di bosco, senza contare che consuma, sempre per compiere gli stessi dieci metri, un intero serbatoio di benzina.

Il bilancio tra dare e avere risulta insostenibile. Giulia lo sa bene, ma non può più fermare il meccanismo. Forse non lo desidera nemmeno, sebbene capisca di dover trovare una via d'uscita.

Questo accade quando un bambino utilizza espedienti malsani per raggiungere uno scopo di dominio.

Siamo di fronte ad una esibizione di debolezza, in questo caso incredibilmente evoluta, poiché la bambina cerca di indurre i genitori a temere addirittura un disturbo mentale grave.

Il quadro si complica ulteriormente quando Giulia si accorge che i genitori non sono in grado di smascherarla, di spezzare il suo gioco, e che la sua strategia porta delle conseguenze vantaggiose, prima tra tutte la completa sottomissione dell'ambiente domestico e persino una ripresa di primato rispetto alla sorellina che, venendo al mondo quando Giulia aveva quattro anni, probabilmente l'aveva precipitata in una grande malinconia per il ruolo perduto.

L'incontro con lo psicoterapeuta, richiesto dalla bambina stessa, è di per sé un segno di ravvedimento. Giulia si è oramai resa conto che il gioco le è sfuggito di mano ed ha bisogno di ridefinire il quadro, possibilmente senza perdere i suoi vantaggi. Tuttavia non può farlo collaborando con i suoi genitori poiché ne ha constatato la grande ingenuità, sente il bisogno di un confronto con un adulto che si raccapezzi nella confusione da lei stessa creata, e che la orienti dalla parte giusta.

Se sarà il terapeuta a suggerire questa inversione di rotta, lei salverà la faccia e parte dei vantaggi acquisiti.

Insomma, una sconfitta a costo quasi zero. Infatti la bambina si aspetta, ad esempio, che lo psicologo suggerisca ai genitori di dedicare minori attenzioni alla sorellina e di stare più attenti alla primogenita. In compenso Giulia si impegna a smetterla di fare quelle che chiama "fesserie".

Nell'ultima seduta tutto diventa chiaro, come vedremo subito. Prima però è il caso di precisare che "l'ultima seduta" in realtà è la quarta, non stiamo parlando di un trattamento lungo. Coi bambini la psicoterapia va utilizzata in dosi omeopatiche, quando è possibile, ovviamente.

In questo caso è stato possibile. Dovrebbe esserlo una miriade di altre volte.

Con i bambini ci si intende a meraviglia se si sentono colti nei loro disegni, se avvertono che la loro finzione ora è visibile ed è inutile continuare a sostenerla.

Vediamo come la bambina stessa, una volta smascherata la sua strategia, si racconta senza più riserve.

«Cerco di ottenere attenzione facendo un sacco di fesserie, il problema è che faccio fatica a smettere. Per farmi notare mi comporto come certi personaggi della televisione, capisco che è stupido, ma i miei abboccano con facilità».

Forse anche noi adulti, quando scopriamo una vena aurifera segreta, fatichiamo a rinunciare al suo sfruttamento. Per i bambini diviene ancora più difficile, poiché la loro volontà è meno allenata e il piacere della finzione non deve fare i conti con la responsabilità sociale. In altre parole, un adulto di solito paga in proprio le conseguenze dei suoi errori, quindi i meccanismi di autocorrezione sono più lesti nell'intervenire. Se un uomo d'affari si comportasse come Giulia, andrebbe in bancarotta in brevissimo tempo.

«A differenza dei miei genitori, tu riesci a capire quando non sono sincera. Ora capisco che mi debbo accontentare di non essere sempre la numero uno, ma qualcosa mi dice che devo stare lontano da te, altrimenti finisce il bello».

Le ultime parole Giulia le ha pronunciate strizzandomi l'occhio e facendo uno dei suoi sorrisetti furbi.

La semplice interpretazione del comportamento di questa bambina ha favorito un mutamento di rotta.

La speranza è che il cambiamento regga, perché la tentazione di ottenere vantaggi a basso costo è insidiosa per ogni essere vivente.

I genitori sono stati successivamente ragguagliati sulle finalità perseguite dalla bambina e le loro modalità di intervento si sono adeguate alla nuova situazione.

OSSERVARE DALLA GIUSTA DISTANZA

È del tutto evidente che il terapeuta in questo caso si trovava in una situazione di grande vantaggio rispetto ai genitori.

Se osserviamo un quadro con il naso appiccicato alla tela ci sarà impossibile "vedere" il suo contenuto.

Frequentemente noi educatori siamo troppo invischiati per capire in fretta ciò che sta accadendo davanti ai nostri occhi. Questo, tuttavia, non dipende solo dalla distanza troppo ravvicinata, ma soprattutto dalla direzione dello sguardo nonché dalla scarsa inclinazione a porci le domande giuste. Ad esempio, col senno di poi, ci potremmo chiedere come mai i genitori di Giulia non avessero dato importanza al fatto che fuori dalle mura domestiche la vita sociale della loro bambina funzionasse molto bene mentre in casa si manifestavamo quelle stranezze di cui avevano riferito al terapeuta.

Se una persona ha una gamba rotta e ingessata quando si trova in casa propria, noi ci aspetteremmo di vederla nella stessa condizione anche se la incontriamo al cinema. Se non fosse così, scatterebbero perlomeno dei sospetti. Questo lo riteniamo del tutto logico per un arto fratturato. Non è così invece per ciò che riguarda il comportamento e la vita psichica in genere.

Se i genitori di Giulia avessero seguito tale elementare ragionamento, forse sarebbero giunti alla conclusione che, se la testa della bambina si inceppava selettivamente, cioè solo quando erano presenti i genitori, significava che non c'era di mezzo una malattia, giacché una bambina malata è sempre malata, non solo in certi luoghi e in orario d'ufficio.

Osservare un quadro dalla giusta distanza rende molto più semplice coglierne gli aspetti meno visibili, per questo i terapeuti a volte sembrano così preparati. Guardano la vasca dei pesci senza bagnarsi.

Se ciò è vero, significa che il vero progresso della psicologia, quando si occupa di minori, consiste nell'allenare gli educatori a guardare dalla parte giusta, perché solo così tale disciplina diventa veramente utile.

In ogni nazione ci sono milioni di bambini ma non possono, né ci debbono, essere milioni di psicologi.

Il fronte è molto ampio e la scienza deve mettere in condizione coloro che lo abitano di combattere con le giuste competenze.

Se saremo capaci di vincere questa sfida di civiltà scientifica avremo meno bambini "malati" e più genitori contenti di fare il loro bellissimo lavoro, meno bambini "problematici" e più insegnanti interessati alle straordinarie opportunità che offre la vicinanza con i minori.

Del resto, vedere un film di cui si capisce e si segue bene la trama è sempre stato più gratificante che rincorrere le oscure intenzioni dell'autore, magari senza riuscirci. Certo, per gli assidui frequentatori dei cineforum questo principio può non valere, ma i bambini non frequentano i cineforum e la maggior parte dei loro educatori non sempre trovano il tempo di andarci.

BIBLIOGRAFIA

Adler A., *Il temperamento nervoso*, Astrolabio, Roma, 1971.
Adler A., *La Psicologia Individuale nella scuola*, Newton Compton, Roma, 1993.
Adler A., *La Psicologia Individuale – Prassi e teoria della Psicologia Individuale*, Newton Compton, Roma, 1992.
Adler A., *La conoscenza dell'uomo*, Newton Compton, Roma, 1994.
Ansbacher H.L., Ansbacher R., *La Psicologia Individuale di Alfred Adler*, Martinelli, Firenze, 1997.
Barrilà D. *Educhiamo i nostri bambini con creatività,* San Paolo, Cinisello Balsamo, 1992.
Barrilà D., *Voler Bene,* Mondadori, Milano, 1999.
Barrilà D., *Punti di vista con delitto. Quando le relazioni diventano sopraffazione,* San Paolo, Cinisello Balsamo, 2002.
Barrilà D., *La mente e il cuore. Come nasce lo stile di vita,* Guerini e Associati, Milano, 2004.
Canziani G., «Introduzione», in A. Adler, *La Psicologia Individuale nella scuola,* Newton Compton, Roma, 1993.
Canziani G., Masi F., *Significato dei primi ricordi infantili: loro importanza nella diagnosi e nella psicoterapia con particolare riguardo all'età evoluti-*

va, in «Rivista di Psicologia Individuale», 1979, *11*, pp. 15-34.

Dinkmeyer D., Dreikurs R., *Il processo di incoraggiamento*, Giunti e Barbera, Firenze, 1974.

Dreikurs R., *Lineamenti della psicologia di Adler*, La Nuova Italia, Firenze, 1968.

Dreikurs R., Cassel P., *Disciplina senza lacrime*, Ferro, Milano, 1976.

Einstein A., Infeld L., *L'evoluzione della fisica*, Bollati Boringhieri, Torino, 1965.

Ellenberger H.F., *La scoperta dell'inconscio*, Boringhieri, Torino, 1976.

Freud S., *Introduzione alla psicoanalisi*, Boringhieri, Torino, 1978.

Fonagy P., *Psicoanalisi e teoria dell'attaccamento*, Raffaello Cortina, Milano, 2002.

Gazzaniga M.S., Ivry R.B., Mangun G.R., *Neuroscienze cognitive*, Zanichelli, Bologna, 2005.

La Bibbia di Gerusalemme, EDB, Bologna, 1980.

Laplanche J., Pontalis J.-B., *Enciclopedia della psicanalisi*, Laterza, Roma-Bari, 1974.

Marx G., *O quest'uomo è morto, o il mio orologio si è fermato*, Einaudi, Torino, 2001.

Pagani P.L., «Introduzione», in A. Adler, *Il senso della vita*, Newton Compton, Roma, 1997.

Parenti F., *La Psicologia Individuale dopo Adler*, Astrolabio, Roma, 1983.

Parenti F., Pagani P.L., *Lo Stile di Vita*, De Agostini, Novara, 1987.

Tononi G., *Galileo e il fotodiodo. Cervello, complessità, coscienza*, Laterza, Roma-Bari, 2003.

SOMMARIO

Premessa
ALLENARSI A RAGIONARE .... pag. 7

Capitolo primo
LE RICETTE E IL METODO .... » 11
Gli stati dell'acqua .... » 14
Il punto di partenza .... » 21

Capitolo secondo
UN MONDO PRIVATO .... » 25
Il bambino e lo sfondo .... » 28
L'occhio che guarda il mondo .... » 30
Una costruzione molto soggettiva .... » 33
Analogie convenienti .... » 35

Capitolo terzo
GLI EFFETTI DEL TIRARE A INDOVINARE ...... » 39
Una sola volontà .... » 42
I bambini ci esaminano. Senza sosta .... » 47
Il bambino fantasma .... » 49

Capitolo quarto
GUARDARE DALLA PARTE SBAGLIATA .... » 51
Logiche strabiche ma inespugnabili .... » 53
Quando lo sguardo si annebbia .... » 55

Capitolo quinto
DOV'È DIRETTO IL BAMBINO .... pag. 63

Cartelli indicatori da leggere con cura .... » 65
Al riparo dal grande timore .... » 67
Un rischio sempre in agguato .... » 71

Capitolo sesto
TRAGUARDI RASSICURANTI .... » 73

L'ambiente che impregna .... » 75
Il peso della soggettività .... » 77
Opinioni più forti della realtà .... » 80

Capitolo settimo
LO SPAZIO RIVELATORE .... » 83

Una scoperta banale .... » 84
Il sistema di riferimento .... » 90
Il prossimo che ci svela .... » 93

Capitolo ottavo
L'INTERVENTO CONSAPEVOLE .... » 97

Il bambino al volante .... » 98
Svelare per correggere .... » 103
Osservare dalla giusta distanza .... » 106

BIBLIOGRAFIA .... » 109